10대,
인생을 바꾸는
성교육 수업

※ 본 도서는 2020년 세종도서 교양부문 선정도서입니다.

나다운 어른으로 성장하고 싶은 청소년을 위한
10대, 인생을 바꾸는 성교육 수업

초 판 1쇄 2019년 12월 11일
초 판 5쇄 2022년 05월 31일

지은이 나무
펴낸이 류종렬

펴낸곳 미다스북스
총괄실장 명상완
책임편집 이다경
책임진행 박새연 김가영 신은서
본문교정 최은혜 강윤희 정은희

등록 2001년 3월 21일 제2001-000040호
주소 서울시 마포구 양화로 133 서교타워 711호
전화 02) 322-7802~3
팩스 02) 6007-1845
블로그 http://blog.naver.com/midasbooks
전자주소 midasbooks@hanmail.net
페이스북 https://www.facebook.com/midasbooks425
인스타그램 https://www.instagram.com/midasbooks

© 나무, 미다스북스 2019, *Printed in Korea*.

ISBN 978-89-6637-741-1 03370

값 15,000원

나다운 어른으로 성장하고 싶은 청소년을 위한

10대,
인생을 바꾸는
성교육 수업

나무 지음

미다스북스

가장 위대한 여행은 지구 열 바퀴 도는 여행이 아니라,
단 한 차례라도 자기 자신을 돌아보는 여행이다.

– 간디 –

"가장 좋아하는 연예인과 떠나는 제주도 캠핑카 여행 이벤트에 당첨
되셨습니다."

오늘 방송국에서 당신에게 연락이 왔다. 당신이 직접 SNS에 올린 글이
시청자 이벤트에 당첨된 것이다. 방송국에서 당신에게 원하는 것은 여행
하는 게 방송에 공개되고, 여행에서 느낀 '감사함'을 매일 적는 것뿐이다.
친구와 함께라 더욱 부담 없이 다녀올 수 있다. 평생에 다시 없을 기회
다. 그리고 당신은 그 기회를 잡았다. 오늘 어 책을 만났기 때문이다. 모
든 것은 당신을 위해 준비된 여행이다. 방학이고, 일정도 비었다. 4박 5
일 경비도 방송국에서 모두 부담하겠다고 했다. 게다가 제주도행 비행기
왕복권까지 준단다. 좋은 경험이 되겠다며 보호자에게 허락도 받았다.
같이 갈 친구는 자기가 더 좋아서 야단법석이다.

지치고 힘든 당신, 캠핑카를 타고 여행을 하자

여행을 가기 전까지 설렘 반, 걱정 반이었다. 시험도 더 잘 봐야 했고, 방송에 잘 나오고 싶어 준비할 게 많아졌다. 출발 전인데도 계속 축하를 받았다. 이렇게 축하받은 기억이 있었는지 모르겠다. 글을 잘 써서 엄청난 인정을 받은 느낌이었다. 이번 여행은 그동안 힘들어도 잘 버텨준 나에게 주는 선물 같다. 드디어 출발! 가장 좋아하던 연예인이 직접 운전해주는 캠핑카를 타며 제주도를 함께 여행하는 기쁨이란, 글로 표현하기도 힘들 정도였다. 그냥 이유 없이 부는 바람도 좋았다.

캠핑카가 교통사고가 났다

여행은 계획대로 되지 않았다. 접촉 사고가 난 것이다. 갑자기 일어난 사고에 모두가 공황 상태가 되었다. '크게 기사가 나면 어쩌지'하며 다들 노심초사했다. 다행히도 우리 모두 크게 다치지 않았고, 상대방과 합의도 잘 마쳤다. 하지만 이미 계획이 틀어졌다. 이건 우리가 생각한 여행이 아니었다.

가이드 등장!

우리의 캠핑 여행에 가이드가 나타났다. 가이드는 작은 사고 조짐이 보일 때부터 조심하도록 계속 알려주었다. 그리고 한 사람 한 사람의 상황을 공감하면서, 소소한 것에도 감사함을 느낄 수 있게 도와주었다.

사고 이후에 후유증이 없는지도 세심히 살폈다. 우리는 점차 정상 여행 여정으로 돌아갔다. 그러면서 가이드는 점차 보이지 않았다. 우리 팀을 믿기 때문에 스스로 문제를 해결해가기를 바랐다. 점차 자신의 역할을 줄여나간 것이다.

성교육은 자기 자신을 돌아보는 여행이다

이 책에도 가이드 역할을 하는 나무님이 등장한다. 그 만남으로 사춘기를 여행하는 주인공이 점점 성장한다. 여러분도 주인공과 함께 이번 성교육 여행을 통해서 자신을 살펴볼 기회를 얻게 될 것이다. 단숨에 차를 타고 제주도 일주를 끝내버리면 기억에 남는 게 없다. 차창으로 보이는 풍경도 멋있지만, 가끔 차에서 내려 천천히 살펴보자. 그리고 풍경을 '보는 것'에서 끝내지 말자. 끌려가는 여행은 재미가 없다. 오히려 내가 계획하고, 공부하고, 사진도 찍고, 내 감정을 담아 SNS에 올리는 '나만의 방법'으로 여행을 하자. 평생 잊지 못할 여행이 될 것이다.

책을 읽는다고 내 인생이 바뀔까?

아주 좋은 질문이다. 어느 누군가는 이 책을 읽고 바뀌었다고 말을 할 테고, 또 다른 누군가는 바뀌지 않는다며 불평할 것이다. 이 책은 인생에서 만나게 될 '나침반'과 같다. 자주 들여다보면 여행을 좋은 방향으로 이끌어줄 것이다.

완벽하지 않아도 좋다. 자꾸 들여다보면 주인공과 같이 조금씩 성장하는 나를 발견할 수 있다.

'읽을수록 나를 성장시키는 책'

이 책은 사춘기를 앓는 주인공의 인생과 성(性)에 대한 궁금증을 담았다. 전체 여정 속에서 성에 관한 사건 사고가 생긴다는 뜻이다. 따라서 대화 중에 불쑥 성 이야기가 튀어나올 수 있다. 만약 성적 호기심만으로 이 책을 폈다면, 목차 중 마지막 5장을 먼저 읽자. 내가 먼저 가고 싶은 곳을 여행하면 된다. 다만, 전체 이야기가 연결되어 있으므로 주인공 수영이의 성장 과정과 스토리가 궁금하다면, 그때 앞에서부터 차근히 보아도 좋겠다. 책을 읽을 땐 밑줄도 치고, 생각도 적어보고, 낙서도 해보자. 그래야 온전히 내 것으로 만들 수 있다.

하마터면 나도 '어른이'가 될 뻔했다

청소년기본법에서는 9세부터 24세까지가 청소년이다. 초등학생부터 성인까지가 사춘기를 겪는 것이다. 모두가 사춘기 성을 배워야 한다. 청소년은 물론이고, 어른의 몸을 하고 있어도 마음은 어린이인 모든 '어른이'를 위해 이 책을 썼다. 하마터면 나도 '어른이'가 될 뻔했기 때문이다. 그래서 더 배우고 공부하며 10대들을 만났다. 무엇보다 아이들이 필요할 때 도움을 줄 수 있는 준비된 어른이 되고 싶었다.

'나다운 성(性)장(長)'을 하고 싶은 너에게 선물하고픈 성교육 책

청소년을 대상으로 한 성교육 책은 상대적으로 적다. 특히 나답게 살고 싶은 사춘기 아이들에게 삶을 살아내는 실천법을 제시해주는 책은 아직 만나지 못했다. 그래서 이 책이 나왔다. 사춘기의 나에게 선물해주는 마음으로 읽어보자. 아니면, 지금 생각나는 누군가에게 선물해주어도 좋다. 나눌수록 여행의 기쁨은 더 커지기 때문이다. 초등학생도 쉽게 읽을 수 있도록 거듭 수정했다. 나의 성장을 위해 편하게 읽어가길 바란다.

한 걸음 나아가자 1mm라도 좋다

이번 여행은 관점을 바꾸는 기회를 준다. 하지만 기회만 줄 뿐이다. 직접 실천해야만 얻을 수 있다. 바로 '성장 노트'를 쓰는 것이다. 가장 간단하지만, 실천하기 쉽지 않은 '성장 노트'를 쓰다 보면 함께 여행하는 사람들에게 내 감정을 표현할 수 있다. 그러다 보면 자연스럽게 다른 사람을 공감하고 존중하는 나를 발견할 것이다. 실천은 어른이 되어도 어렵다. 그래서 실패해도 주인공처럼 또다시 조금씩, 자주 실천하는 것이 더 중요하다. 그러다 보면 어느새 여행 목적지에 도착할 것이다.

이번 여행이 여러분의 관점을 바꿀 수 있는 출발이 되길 진심으로 기원한다.

목 차

성에 대한 궁금증만 모아 놓은 '호기심 해우소'

1장

어린 시절 성교육이
미래를 좌우한다

열여섯 살의 죽고 싶던 하루

"죽고 싶다."

나는 벼랑 끝에 서 있는 느낌이었다. 그래도 하나는 선택할 수 있었다. 이대로 바닥으로 굴러떨어질지, 아니면 죽은 듯 좀비처럼 살지, 그것도 싫다면 죽기 아니면 살기로 악착같이 살아갈지. 나는 가면을 쓰고 학교에 다니는 것 같다. 하회탈처럼 웃고 떠들고 장난치며 다녔다. 하지만 내 진짜 마음을 믿고 얘기할 친구는 없었다. 누구나 말 못 할 사정은 있는 법이니까. 항상 웃는 가면을 쓴 학교 안에서 모습과 달리, 집안에서 내 모습은 더 싫었다. 더럽고 답답한 집구석, 욕만 바가지로 먹는 한심한 나였다. 매번 자기 기분 내키는 대로 말하는 엄마랑은 말하기조차 귀찮다.

이젠 잔소리를 들어도 한 귀로 듣고 한 귀로 흘려보내면 된다. 점점 내 공이 쌓였다. 집에 오자마자 짜증을 내는 엄마 목소리가 오늘따라 크게 들렸다. 나는 게임을 하면서 큰 소리로 말했다.

"엄마 왔어?"
"야! 집안 꼴이 이게 뭐냐! 공부도 안 하고, 하라는 것도 안 하고, 진짜 내가 못 살아!"

조금만 더 하면 우리 팀이 게임에서 이긴다. 근데 엄마가 계속 짜증을 냈다. 오늘따라 뭔 일이 있었나? 보이고 잡히는 모든 것들을 던져버리는 엄마의 서늘한 기운이 바로 내 옆에서 느껴졌다.

"야! 이 XXXX.(욕 자체 처리) 넌 엄마가 말하는데 폰이나 보고 앉아 있냐? 어른이 왔으면 쳐다보고 인사를 해야 할 거 아니야!"
"나 인사했는데?"

'꼰대'라는 말이 나올 뻔했다. 치~. 인사했는데, 엄마가 못 들어놓고…. 엄마의 서늘한 기운이 계속 느껴졌지만, 내 마음은 게임에 빠져 있었다. 폰을 놓을 수 없었다. 마지막, 이것만 하면 이길 수 있다. 하지만 살벌한 엄마의 분노 게이지도 절정으로 치솟았다. 결국, 엄마는 내 폰을 집어 던.졌.다.

"이놈의 폰이 문제야!"

"이런 C~. 나도 욕할 줄 알거든요!"

나는 당장 일어나서 엄마를 내려다보며 말했다. 오늘만큼은 참을 수 없었다. 내 분신 같은 폰 액정에 또 금이 갔다. 화가 나서 한마디 했다가, 랩 배틀보다 더 살벌한 엄마의 욕을 한 바가지 얻어먹었다. 랩이랑 음악을 좋아하는 나지만, 이건 좀 아니다. 욕은 엄마만 할 수 있는 게 아니란 걸 보여줘야 했다. 나도 오늘만큼은 질 수 없었다. 분노의 욕 배틀로 맞서 싸웠다. 하지만 언제나 엄마의 KO승. 이제는 나보다 훨씬 키도 작고 힘도 약한 엄마지만, 그 살기 어린 눈빛으로 나를 보며 소리치는 엄마는 피해야만 한다. 진짜 죽일 것 같았다.

"이런 망할 XXXX, 내가 그때 널 낳는 게 아니었어. 당장 나가, 내 눈앞에서 사라져!"

매번 똑같은 레퍼토리. 하지만 매번 내 가슴 상처에 더 깊은 생채기를 냈다. 어떻게 엄마란 사람이 저렇게 이야기를 할 수 있지? 보란 듯이 집 밖으로 뛰쳐나왔다. C~. 꼭 이런 날은 비가 오더라. 열 받아서 그냥 나오느라 아무것도 챙기지 못하고 나왔는데…. 아휴, 정말 되는 일이 없다.

'제발 나 좀 그냥 내버려 두면 좋겠다. 죽고 싶다. 내가 죽으면 엄마가 슬퍼하긴 할까?'

내가 좋아하는 래퍼가 올린 바코드처럼 내 팔에 새겨진 상처가 아직 아물지 않았다. 비가 내 상처에 닿았다. (으윽) 따갑다. 자해는 하고 나면 아프다. 하지만 답답하고 짜증 나는 게 풀리는 느낌이 든다. 그래서 자꾸 하게 된다. 하면 안 된다는 건 물론 나도 안다. 비가 더 시원하게 내려서 내 답답한 마음이 씻겨 내려갔으면 좋겠다. 결국, 한참 동안 집 앞에서 멍하니 있었다.

'안 그래도 더운데 잘 됐지 뭐…. 내가 운 것도 티 안 나서 좋네.'

매일매일 반복되는 일상. 결국, 난 오늘도 죽지 못했다. 죽을 용기조차 없었다는 것이 더 맞을까. 엄마 방에 불이 꺼지고 나서야 집으로 들어왔다. 조용히 들어와 불이 꺼진 내 방으로 들어왔다. 비에 젖은 옷만 대충 갈아입고 그냥 누웠다. 다 귀찮다. 잠이 안 온다. 자꾸 몸을 뒤척였다. 이불을 움켜잡고 옆을 보니 침대 옆에 놓인 고무나무가 가로등 불빛에 반짝였다. 생일날, 아빠가 주신 마지막 선물이다.

"수영아, 자~. 선물^^ 나무님! 우리 수영이한테 좋은 공기만 주세요."
"응? 유치하게 웬 나무님? 이름 이상해!" 나는 잔뜩 인상을 쓰며 아빠에게 말했다.

"나무님이라고 존중하며 불러야, 너한테 좋은 것만 주실 거 아냐~."
"그건 그렇지, 나무도 살아 있으니까. 근데, 나는 오글거려서 그렇게 못 부르겠다."

아빠는 '나무님'을 직접 만든 화분에 옮겨 닮았다. 그래서 나무님을 보면 아빠 생각이 더 많이 났다. 아빠는 술 먹었을 때만 빼고, 다정다감했다. 평소엔 우리끼리 얘기도 많이 했다. 이런 망할 집구석, 아빠도 없으니 대신 나무님에게 이야기하곤 한다. 결국, 나도 아빠를 따라 나무님이라고 부르게 되었다. 뭔가 아빠와 얘기하는 느낌이 들었기 때문이다.

'나무님, 저 죽을 것 같아요. 태어날 필요도 없었대요. 그럼 태어나게 하지 말지. 엄마 때문에 힘들고, 왜 나만 이렇게 힘든 걸까요?'

옆으로 누운 내 귀 쪽으로 뭔가 흘렀다. 쪽팔려 울지도 못했는데 나도 모르게 눈물이 계속 났다. 생각해보니 죽는 건 좀 무섭기도 하다. 엄마의 죽일 듯이 살벌한 그 눈빛이 다시 떠오른다. 솔직히, 죽고 싶은 것보다…. 잘 살고 싶은데 도저히 방법을 모르겠다. 이럴 때 아빠라도 있었으면…. 아빠가 교통사고로 갑자기 돌아가신 지 1년쯤 지난 것 같다. 나는 기억력이 안 좋다. 자주 잊어버린다. 그동안 엄마는 축구를 하는 나와 공부를 잘하는 동생을 혼자 뒷바라지했다. 그런데 요즘 많이 힘들어서 감정 조절이 안 되나 보다. 갱년기인가? 갱년기랑 사춘기랑 싸우면 갱년기가 이긴다고 한 말이 맞는 것 같다. 계속해서 생각에 생각이 꼬리를 문다. 잠이 오지 않는다….

- 2 -

1년 후 오늘, 내가 죽는다면

네가 말하는 대로 되는 인생이야. 너 정말 죽고 싶은 거 맞아?

"이제야 좀 간절해졌군." 어디선가 친숙한 목소리가 들렸다.

"응? 누구세요?" 나는 소리내어 말했다.

나는 울어서 퉁퉁 부은 눈을 비비며 소리 나는 쪽을 보았다. 처음이지만, 편안한 느낌이었다. 진지한 눈빛으로 날 쳐다보는 나무님이 있었다. 서로 눈이 마주쳤다. 그 눈길이 부담스러워 피하고 싶었지만 꼼짝할 수 없었다.

"이제야 죽을 만큼 간절해진 걸 보니, 내가 도와줄 때가 돼서 온 거야."

"저… 죽을 만큼 너무 힘들어요. 아무 쓸모없다는 얘기만 듣고, 할 수 있는 게 아무것도 없어요. 다들 잘살고 있는데 왜 나만 혼자여야 되고, 이렇게 힘들까요? 그냥…. 죽고 싶어요."

내 이야기를 들었는지 못 들었는지 날 뚫어지게 쳐다보는 나무님, 갑자기 어디선가 노래가 들렸다. 유재석과 이적이 부른 노래. '말하는 대로'였다.

"너 이 노래 알지? 가사도 알아?"

"조금 알아요. 말하는 대로~. 말하는 대로~."

"(웃음) 그럿~치! 네가 말하는 대로 되는 인생이야. 너 정말 죽고 싶은 거 맞아? (갑자기 한쪽 눈썹을 올리며 날 본다) 네가 죽고 싶다면 진짜 죽게 되겠지."

나는 너무 당황스러웠다. 살벌하게 쳐다보는 엄마와 다르게 날 쳐다보는 나무님의 눈빛은 뭔가 달랐다. '너 때문에'라는 원망이나 날 무시하는 눈빛이 아니었다. 계속해서 진지하게 날 보고 있었다. 뭔가 눈빛만 봐도 나를 다 알고 있는 느낌에 알몸을 보여준 듯 창피하기도 했다. 오히려 내 안에 나도 모르는 '무엇'인가를 보고 있는 것 같았다.

"그냥…. 잘 모르겠어요. 이 집구석이 너무 싫어요."

"네가 하는 말은 너의 양어깨에 있는 내 친구들이 모두 듣고 있어. 그러니까 앞으로는 더 말할 때 신경 써서 말해야 해. 그 친구들은 나처럼 말은 못 하고 듣기만 할 수 있어. 듣기 능력이 우주 최강이야. 한수영, 너 어깨 짝짝이지?"

또 뭔가를 들킨 기분…. 내가 이해를 못 하니 나무님은 차근히 설명해 주었다. 내 어깨에 있는 나무님 친구들은 원래부터 내 안에 있던 나의 일부라고 했다. 신기한 건, 내가 한 말을 듣고 긍정 나무는 긍정의 말만 먹고 자라고, 부정 나무는 부정적인 말을 듣고 자란다고 한다. 그래서 부정 나무가 있는 왼쪽 어깨만 덩치가 커서 아래로 내려간 것이었다.

"네가 매일 난 못한다. 난 쓸모없다. 난 못생겼다. 이따위 말만 하니까 부정 나무만 무럭무럭 자랐잖아. 긍정의 나무는 '씨앗'이 싹도 못 틔우고 있다고! 그러니까 어깨높이가 그렇게 다르지!"

차근히 설명하던 나무님도 그동안 들었던 내 부정적인 말들을 떠올리면서 흥분했나 보다. 미간을 잔뜩 찌푸리며 버럭버럭하던 나무님. 턱을 괴고 생각을 하다 잠시 후 입을 열었다.

"너 1년 뒤 오늘, 갑자기 죽게 된다면 어떨 것 같아?"

순간 아빠가 떠올랐다. 1년 전 교통사고로 갑자기 돌아가신 아빠.

나는 아빠의 마지막 모습을 보지 못했다. 사실 그때 이후론 기억이 잘 나지 않는다. 아빠가 돌아가신 후로 엄마랑 동생은 6개월 정도 계속 울기만 했다. 그때부터 악몽의 시작이었던 것 같다. 나에게 좋은 말을 해주는 사람이 없었다. 나마저도…. '나는 1년 뒤 오늘 죽게 되어도 동생이랑 엄마는 좀 잘 살았으면 좋겠다.'라는 생각이 스쳐 지나갔다.

"네가 죽기 전에 진짜 하고 싶은 건 뭐야? 사람들은 이걸 버킷리스트라고 하더군."

"사실…. 하고 싶은 게 없어요. 제가 잘할 수 있는 것도 모르겠고, 맨날 욕이나 먹는걸요."

괜찮다며 나를 다독이는 나무님. 아빠 같았다. 나는 하고 싶은 것을 하나씩 찾아보았다. 돈도 없고, 공부도 못하는 나. 하지만 나무님과 이야기하다 보니 내가 잘하는 것을 찾을 수 있었다. 나는 몸으로 뛰는 건 뭐든 잘했다. 그렇게 버킷리스트를 하나씩 만들어갔다.

그리고 나는 나무님과 약속을 했다. '죽는다'라는 말 대신에 나무님이 하라는 대로 66일 동안 '무조건' 해보기로. 나무님은 뭔가 익숙하면서도 불가사의한 느낌이 들었다. 알다가도 모르는 신기한 느낌이랄까. 그리고 말을 안 들으면 정말 안 될 것 같은 포스가 넘쳐흘렀다. 노란색 노트를 건네주며 나무님이 말했다.

"이건 성장 노트야. 오늘 하루 동안 '감사한 것'과 '성장 확언'을 딱 3문장만 써봐."

"감사한 거랑 무슨 확언이요?"

"성장 확언."

"성장은 알겠는데 확언이 뭐예요?" 머쓱해진 내가 물었다.

'확언'은 확실하게 말하는 것이었다. 그래서 성장 확언은 나의 성장을 위한 마법 같은 말이라고 하였다. 좀 유치하긴 했지만, 약속했으니까 딱 66일만 해보기로 했다. 나는 그만큼 간절하게 무엇에라도 매달리고 싶었다. 미칠 수 있는 무언가를 찾은 느낌이었다.

이때, 나무님은 미래형으로 적지 말고 '과거형'이나 '현재형'으로 적으라고 당부를 하셨다. 나는 갑자기 어려운 영어 수업을 듣는 것 같았다. 문법도 잘 모르는 나라서 잘 못 알아듣고 자꾸 물어보았다. 나무님은 언제든 물어보라고 말하면서 대신에 '집중'하라고 이야기했다. 갑자기 화이트보드가 나타나더니, 나무님의 성장 수업이 이어졌다.

"예를 들어, '나는 가치 있는 존재가 될 거예요.'라고 하면 우주에 잘 전해지지 않아. 왜냐고? 미래에 될 것처럼 애매하게 적으면 메신저로 전달이 잘 안 돼. 얘네들도 헷갈린다고.! 그러니까 '나는 가치 있는 존재가 되었습니다.' 아님 '나는 가치 있는 존재입니다.'처럼 과거형이나 현재형으로 적으면 돼."

"나는 가치 있는 존재입니다. 나는 가치 있는 존재입니다. 나는 가치 있는 존재입니다." 나는 이 문장을 3번 적었다.

"그럿~취! 느낌 좋다! 넌 이미 가치 있는 존재야. 그걸 믿을수록 더 확실한 결과가 나타나지."

나는 나무님의 '그럿~취!'라는 말에 놀랐다. 아주 오래간만에 칭찬을 받은 것 같아 기분이 좋았다. 기분이 좋아져서 나무님을 처다봤다. 그런데 어느 때보다 포근한 햇살처럼 기분 좋은 눈빛으로 날 처다보는 나무님을 보았다. 그리고 나에게 말했다.

"이것도 받아 적어. 나는 꿈을 이뤄냈습니다."

"나는 꿈을 이뤄냈습니다." 나는 좀 더 빠르게 적으며 혼잣말을 했다.

"오~. 지금처럼 하면 돼. 쓰는 것도 좋지만 '말'을 하면 더 빨리 이뤄지지. 그리고 한수영, 66일 달성할 때까지 오늘 한 약속 기억해. 그리고 절대 죽지 마! 너답게 살아남아야 해."

갑자기 들리는 알람 소리에 눈을 떴다. 아…. 꿈이었구나. 눈을 비비는 순간에 나무님의 눈빛이 스쳐 갔다. 그 눈빛이 나의 머릿속에 오래 머물러 있는 느낌이었다. 멍하니 침대에 앉아 책상을 봤다. 책상 위에 노란색 노트가 보였다. '꿈이 아니었나 봐!' 당장 의자로 달려가 노트를 보았다. 첫 장에는 '성장 확언'이라는 이름의 제목 아래, 한 문장이 적혀 있었다.

"나는 가치 있는 존재입니다."

　학교 갈 준비를 하며 거울을 보았다. 바로 서 있었지만, 왼쪽 어깨가 축 내려간 것이 보였다. 나무들이 내 어깨에 있는 것처럼 무겁게 느껴졌다. 나는 의식적으로 어깨를 으쓱하며, 왼쪽 어깨에 힘을 주어 균형을 맞춰 보았다. 그리고 양쪽 입꼬리를 쭉 올렸다. 으아, 웃는 게 이렇게 어색할 수가. 거울이 보일 때마다 웃는 연습을 하자며 나와 약속을 했다.

남과 비교하기보다 나다움 찾기

주변의 평가를 뒤엎을 수 있는 '나다움'을 찾아라

"내 인생 내가 알아서 할게요. 나 좀 내버려 두세요."

진짜 내 인생을 나답게, 자유롭게 살고 싶은가?

하지만 내가 그동안 만났던 사춘기들은 나보다 나은 가족, 친구, 아니면 나도 모르는 누군가와 항상 비교당하고 있었다. 이렇게 남과 비교하는 것은 주변 사람뿐만이 아니라 스스로 자유롭게 살지 못하게 만드는 내 마음의 소리가 더 크다. 마치 영화 속 주인공이 된 것처럼, 관중들의 시선에 자유롭지 못한다.

사춘기는 인생의 토대를 다지는 시기다. 나의 토양을 잘 다지면 내가 뿌려둔 씨앗에서도 싹이 돋아난다. 나답게 싹을 틔우고 줄기가 자라고 열매를 맺는다. 나의 나무는 그들의 나무와 다르다. 결코, 같을 수 없다. 이 세상에 하나뿐인 나무이기 때문이다. 그런데 우리는 다른 사람들이 한 것들이 좋아 보이니까 나도 따라 한다. 이런 식의 방법은 나의 나무를 제대로 크지 못하게 한다. 앞으로 여러분과 나, 그리고 수영이가 함께 할 이야기에서 가장 중요한 나무의 성장 법칙 3가지를 알려주겠다.

"내가 마음먹고 생각한 대로, 내가 말하는 대로, 그리고 행동한 대로 반드시 이뤄진다."

여러분의 어깨에도 두 나무님이 있다. 좋은 말만 듣는 긍정 나무와 나쁜 말만 듣는 부정 나무이다. 긍정적이거나 부정적인 '마음'은 씨앗이 되어 뿌리를 내리고 '생각'의 줄기를 통해 '말이나 행동'이라는 열매를 맺는다. 그렇게 말을 함으로써 동시에 나, '나무님'에게 전달된다. 눈 깜빡할 찰나에 나의 마음—생각—말(행동)이 나에게 전달되는 것이다.

예를 들어 '나는 최신 폰을 갖고 싶다.'라는 마음이 들었다. 더욱 간절할수록 마치 눈앞에 있는 것처럼 생생하게 상상하게 된다. 즉 마음을 강하게 먹을수록 '그 폰을 갖고 좋아하는 내 모습'을 생생한 이미지로 그릴 수 있다. 그리고는 '어떻게 하면 내가 갖고 싶던 그 폰을 가질 수 있을까?'라는 생각으로 이어진다.

만약 '집안일을 하거나 아르바이트를 해볼까?'라며 구체적인 행동을 생각했다면 더욱 좋다. 그 생각을 통해 나도 모르는 사이에 말이나 행동을 하게 된다. 강하게 원할수록 더욱 자주 이야기하고, 구체적인 생각일수록 바로 행동하기 쉬워진다. 즉, 간절한 긍정의 마음은 생각을 통해 말이나 행동으로 나타난다. 이렇게 말과 행동을 하면 동시에 나에게 전달된다. 그리고 나는 우주로 전달받은 메시지를 전송한다. 결국, 여러분은 갖고 싶던 폰을 손에 쥐게 될 것이다.

반면에 '나보다 약한 저 친구가 최신 폰을 샀네? 나도 갖고 싶은데…. 왜 우리 집은 돈이 없지?'라는 마음이 들었다고 해보자. 그 부정적인 마음이 '나는 없고 저 친구는 있는 게 얄미워.'라는 부정적인 생각으로 이어질 수 있다. 그 생각은 얄미운 저 친구를 괴롭히는 부정적인 말로 나타날 수 있다. 또는 그 얄미운 친구의 폰을 빼앗는 부정적인 행동으로 나타날 수도 있다. 모든 부정적인 생각이 부정적인 말과 행동으로 나타나는 것은 아니다. 하지만 여러분이 부정적인 마음과 생각으로 가득 차 부정 나무에 말을 건네고, 물을 주고 빛을 준다면 무럭무럭 자란 여러분의 나무는 베어도 베기 힘든 거목이 되어 여러분의 어깨를 짓누를 것이다. 지금 거울을 볼 수 있다면 한번 살펴보자. 내 어깨는 어떤가?

이제 여러분이 선택할 때이다. 어느 나무에 말을 건네고, 매일매일 살피고, 영양분을 듬뿍 줄 것인지는 모두 여러분에게 달려 있다.

그리고 선택에는 '책임이 따른다.'라는 것을 잊지 마라. 두 나무 중에서 어떤 나무가 뿌리를 깊숙이 내리고, 줄기를 뻗고, 풍성한 열매를 맺든지 모두 여러분이 선택한 결과이다. 혹여나 누군가의 권유나 강요로 선택을 했다고 해도 결국 내가 살아가야 할 내 인생의 선택이다. 결코, 다른 사람이 내 인생을 선택하게 두지 마라.

오늘부터, 지금, 이 순간부터 '나만의 씨앗'의 싹을 틔우겠다고 마음을 먹어라. 결심하는 것에서부터 모든 것은 시작된다. 수영이도 '나는 꿈을 이뤄냈습니다.'라고 결심했다. 물론 내가 일부러 시킨 부분도 있다. 하지만 이 작은 결심이 곧 생각으로 변하고 확언이 되어 내가 성장하는 데 큰 밑거름이 된다. 두고 보시라. 수영이는 곧 자신도 모르는 사이에 꿈을 이뤄내게 될 것이다. 정 믿지 못하시겠다면 여러분이 먼저 실천해보시라. 내가 지켜보고 있겠다.

'내가? 굳이 왜 실천해?'라고 생각하면서 실천하지 않겠다고 마음먹은 여러분이라면…. 조금만 더 이 '나무님'의 이야기를 들어보길 바란다. (잔소리 같다면 다음 장으로 가볍게 넘어가도 좋다) 여러분은 오늘도 집에서는 형제자매와 친척들, 또는 학교에서는 친구들…. 그것도 아니면 '나도 모르는 수많은 엄친아'들과 비교당하고 있지는 않은가? 남과 비교당하는 것은 정말 기분 나쁘다. 하지만 여러분은 남에게 비교 평가받을 때는 엄청 기분 나빠하면서도 매번 스스로 여러분을 다른 사람들과 비교한다. 비교 평가에 이미 길들여진 것이다.

나와 제일 친한 친구가 있다고 생각해보자. 여러분은 함께 공부하는 친구와 자신의 성적을 비교하는 동시에 경쟁자로 인식하기도 한다. 외모로 비교당하기 싫어서 화장하거나 다이어트를 하거나 웨이트 트레이닝을 한다. 다른 사람보다 뒤처지기 싫어 최신 폰을 사거나 유행하는 브랜드 제품을 구매한다. 특정 물건을 사거나 사지 않기도 한다. 주변 사람들의 시선을 늘 의식하기 때문이다. 나의 기준이 '다수의 시선'에 있으므로 기준에 한참 부족한 나를 늘 깎아내린다. 나다운 것은 전혀 찾아볼 수가 없다.

제발 다른 사람과 나를 비교하지 마라. 대신에 '어제의 나, 예전의 나'와 비교하라. 그래야 '자기답게' 있는 힘껏 살 수 있다. 다시 일어날 힘이 생긴다. 예를 들어 수영이가 좋아하는 게임을 했을 때를 살펴보자. 우선, 다른 사람의 아이템이나 레벨을 비교하며 부러워할 것이 아니라 나답게 스킬을 터득하고 연습해서 내 힘을 키워야 한다. 타인이 나에게 '게임을 못한다.'라며 내뱉는 '비교하는 말'에 나도 모르게 작아질 때가 있는가?

절대 나 자신을 남의 평가에 휘둘리게 두지 마라. 남과 비교하는 대신에 어제의 나와 비교해서 조금 더 연습하라. 예전의 나의 모습과 비교해서 좀 더 나아진 기술에 기뻐하고 나 자신을 칭찬해주자.

그 힘이 생긴다면 타인의 비교 평가를 받아도, 억울하거나 분한 일이 있어도 결코 나는 작아지지 않는다. 나를 포기하지 않을 수 있다.

그렇게 '나는 남과 나를 비교하지 않는다.', '나는 예전의 나하고만 비교한다.'라고 결심한 사람은 반드시 '최종 게임'에서 이기게 된다.

공부 역시 당연히 중요하다. 하지만 인생은 성적으로 결정되는 것이 아니다. 오히려 꿈을 향해 올바른 방향으로 끈기 있게 걸어가는가 아닌가로 결정된다. 성적이 좋아 명문대를 나온 엘리트라 할지라도 죄를 지어 범죄자가 되는 예도 있다. 반대로 성적은 좋지 않았지만, 자신보다 힘든 사람을 위해 일하는 사람들도 많다. 어떤 인생이 가치 있는 것인지는 여러분이 선택하기 달렸다.

타인의 평가 따위는 철저히 무시해라. 주변의 평가를 뒤엎을 수 있는 '나다움'을 찾아라. 여러분과 다른 사람을 비교 평가하도록 그냥 두지 마라. 사람들의 평가는 그저 그 사람의 평소 고정관념과 같은 딱딱히 굳어진 생각이 말로 나온 것뿐이다. 사람은 생각한 대로 말하기 때문이다. 아무런 생각도 없이 내뱉는 경우가 더 많다. 그런 일시적인 평가 때문에 나 자신을 잃어버린다는 것은 매우 어리석다. 예전의 나, 어제의 나보다 나아진다면 반드시 힘이 생긴다.

'그래도 나는 안돼.'
'나같이 게으른 사람이 어떻게 그걸 해…. 난 못해.'
'우리 학교는 절대 안 바뀌어.'

나의 이야기를 듣고도 '난 못해.'라며 지레 겁을 먹고, 하고 싶은 것을 못 하는 경우를 많이 봤다. '우리 학교, 우리 부모님은 절대 안 바뀐다.'라며 이야기하는 사람도 있다. 다른 사람들이야 어떻든 '내가 있는 곳'부터 바뀌어야 한다. '다른 사람'은 절대 바꿀 수 없다. '내'가 먼저 바뀌어야 한다.

오늘부터 3가지 성장 법칙을 실천해보자. '나도 할 수 있다.'라고 '마음'을 먹고, '어떻게 하면 그 일을 해낼 수 있을까?'라고 '생각'하고, '하루 10분씩 책을 읽어 볼게요.'라고 '말'하면서 이 책을 계속 보기 바란다. 아니 10분도 길 수 있다. 단 1분이라도 좋다.

그리고 여러분의 성장 노트에 아래 3가지 중, 마음에 드는 한 가지를 자기답게 적어보자. 수영이는 이미 적었다. 수영이 역시 해냈으니 여러분도 할 수 있다.

나는 '어제의 나'와 비교합니다.

나는 '예전의 나'와 비교합니다.

나는 다른 사람과 나를 비교하지 않습니다.

- 4 -

지금 내 모습은 과거에서 왔다

감사는 기다리는 게 아니야, 네가 찾는 거야

나무님을 만난 지 4일째다. 작심삼일이라는 말도 사람마다 다른가 보다. 작정하고 마음을 먹어도 3일을 못 가는 '나는 왜 맨날 이 모양일까….' 특히 성장 노트에 감사한 것 쓰기는 너무 어렵다. 첫날은 나무님이 알려 준 대로 적었는데…. 둘째 날은 겨우 하나 적고 멍하니 종이만 보았다.

'감사할 일이 있어야 감사하지.'라는 생각에 결국에는 첫날 적은 걸 베껴서 다시 적었다. 핑계일 수도 있지만, 사실 어제는 너무 바빴다. 그리고 친구들이랑 수영장에 놀러 갔는데 싸워서 기분이 안 좋았다. 아무것도 하기 싫었다. 결국엔 2일 만에 실패하고 말았다.

'내가 하는 게 다 그렇지 뭐….' 잠이나 자자.

턱을 괴고 날 쳐다보는 나무님이 보였다. 뜨끔해진 나는 먼저 말했다.

"저…. 죄, 죄송해요."
"괜찮아. 3일 동안 지켜봤는데 안되겠다 싶어서 다시 왔지. 오늘부터
다시 시작하자."

화 안 내고 차분하게 조곤조곤 얘기하니까 더 무섭다. 그러다 갑자기
크게 웃는다. 뭔가 당황스럽다. 내가 감사를 적을 줄도 모르니, 나무님도
당황스러우셨겠지…. 나에게도 감사 세포가 있을 텐데, 사용할 줄을 몰
라서 세포들이 다 말라 죽었나 보다. 목소리가 더 작아졌다.

"저 감사할 줄도 모르나 봐요. 어떻게 써야 할지 모르겠어요."
"네가 정상이야. 불평불만만 좀 줄이면 돼."
"불평불만이요?"

지금껏 내가 말한 불평불만을 먹고 무럭무럭 자란 내 어깨 위의 나무
님들의 무게가 느껴졌다. 한편으로는 억울하기도 했다. 나는 부정적인
말을 안 하려고 엄청나게 노력했기 때문이다. 친구들이랑 싸웠을 때도
욕 안 쓰려고 정말 노력했다. 욕도 못 쓰고 화나도 참아야 하고, 제가 얼
마나 노력했는데! (완전, 억울해….)

그런데 내 생각들이 순간순간 나도 모르게 튀어나왔다. 나도 놀랐다.

'내 인생은 왜 이 모양 이 꼴이냐.'

'엄마 때문에 우리 집은 안 바뀐다.'

'동생이랑 비교만 하는 이놈의 집구석.'

'쟤 때문에 짜증 나.'

'우리 학교는 이상해.'

'저 선생님은 그냥 이유 없이 싫어.'

내 생각을 읽었는지 나무님이 말했다.

"네가 생각하지도 못한 것이 너도 모르게 말로 튀어나오는 거야. 그래서 평소의 '말 습관'이 중요한 거지. 부메랑처럼 네 마음속 소리가 다시 너에게 되돌아간다."

자꾸 그런 부정적인 생각이 나도 모르게 드는데 어떻게 하라는 거지? 휴… 진짜 답답하다. 이런 내 모습을 바꾸고 싶다. 짜증만 내고, 부정적이고, 답답한 나. 아무것도 모르던 예전에는 불편한지도 몰랐었는데, 요즘은 나를 자꾸 바라보게 된다. 예전보다 더 부정적으로 생각하는 나를 바라보니 더 기분이 안 좋고, 답답하고, 작아진 느낌이 들어 속상했다.

"지금 너의 모습은 과거에 네가 만든 것들이 모두 더해진 결과물이야."

"지금 나의 모습이 과거에 만들어진 거라고요? 그것도 '내가 만든 것'이라고요? 전 그런 적 없어요!"

나무님의 말에 나는 억울해서 외쳤다.

"그래, 너도 모르는 사이에 그렇게 만들어져. 네가 마음먹은 결심, 네가 한 생각, 네가 한 말, 네가 한 행동들이 모두 더해져서 지금 네 모습이 되어 있어. 그렇다면 네가 원하는 미래의 모습으로 바꾸려면 어떻게 해야 할까?"

젠장, 과거에 내가 한 것 때문에 지금의 내 모습이 결정됐다니… 지금의 나는 예전의 나의 모습들이 모두 더해진 것인데, 미래의 나를 바꾸려면…? 흠, 어려운 수학 방정식 같다.

"생각해봐, 그리고 말로 표현해봐. 천천히 하면 전혀 어렵지 않아."
"현재의 내 모습은 과거의 내 모습'이었으니까, '미래의 내 모습'은…. 현재의 내 모습으로 결정되겠네요!"

"오~. 이제 정리를 좀 할 줄 아는데?! 그러니까 네가 지금 하는 말과 행동이 중요하다는거야. 그게 곧 너의 미래가 되거든."

나무님이랑 이야기하다 보니까 답답했던 게 풀리는 느낌이 들었다. 아직도 부정적인 나였지만, '점점 더 나아질 거야.'라고 격려해주며 날 믿어주는 누군가가 있다는 사실이 좋았다.

"불평불만 하고 싶다는 마음이 들면, '감사합니다로 바꿀 기회'가 왔다고 생각해. 감사는 기다리는 게 아니야, 네가 찾는 거야."

"저는 나무님이 아니라고요…. 어떻게 그게 확 바뀔 수 있어요? 전 못 해요. 그런 거."

"그러니까 연습하라는 거야. 연습! 너 운동 좋아하잖아. 운동 근육을 단련한다고 생각하고 감사 근육을 단련하는 거야. 매일 조금씩 좋아하는 걸 하듯이 즐기면 돼."

나무님은 안되겠는지, 나에게 부정적인 마음이 들 때, 잠깐 멈춰 크게 심호흡을 10번 하라고 했다. 마치 축구 경기에서 심판이 휘슬을 불어 경고하는 것처럼 잠깐이라도 멈추는 것이 중요했다. 그러면서 무조건 '감사합니다'를 외치는 훈련을 하라고 하셨다. 그러면 '감사할 것이 단 한 가지라도 생긴다.'라고 하셨는데…. 솔직히 아직 잘 모르겠다. 나는 물었다.

"안 좋은 생각을 멈추고, 감사한다고 외친다고 해서…. 정말 감사할 일이 생길까요?"

"66일만 해보고 나면 자연스럽게 알게 될 거야. 너는 자존감이 없어서 감사 근육을 키워야 해. 중간에 못 해도 괜찮아. 점점 나아질 거야."

"전 못 할 것 같아요. 이틀 하고도 포기했는걸요."

"널 못 믿어서 못 할 것 같다고? 그럼 메신저로 전송한다!"

"아녜요! 삭제할게요! 삭제!"

이틀 실천하고도 힘들어서 포기한 나를 믿지 못했다. 하지만 나무님은 이틀 동안 해냈으니, 3일도 할 수 있다고 말했다. 작심삼일도 10번 하면 한 달. 작심삼일 20번이면 두 달. 그러곤 66일이 지나면 온전히 내 것이 된다고 하셨다.

"안 좋은 일이 생길수록, 더 좋은 것이 오고 있다고 믿어야 해. 자, 잘 들어봐."

나무님이 '수도꼭지'를 비유로 들어서 설명해주셨다. 수도꼭지를 오랫동안 사용하지 않으면 수도 안에 녹이 슬고, 찌꺼기들로 막혀버린다. 그런데, 내가 깨끗하고 시원한 물이 먹고 싶어 수도꼭지를 틀면?! 녹슬고 덩어리진 찌꺼기들이 나오기 시작한다. 깨끗한 물은 그다음에 나오는 것이다. 그러니 더 좋은 것은 대부분 나중에 나온다. '깨끗한 물'은 긍정의 말과 좋은 일들이라면 '녹슨 찌꺼기'는 부정의 말로 만들어진 안 좋은 일들이었다. 이 안 좋은 것들이 나오기 시작하는 건 곧 깨끗한 물이 나온다는 '신호'이다. 그러니 더 좋은 것이 오고 있다고 믿어야 한다. 그리고 무엇보다 중요한 것은 수도꼭지를 틀겠다고 마음먹은 나, 그리고 직접 손으로 수도꼭지를 움직이는 나의 행동이었다.

"이젠 안 좋은 일이 생겼을 때도 '더 좋은 것이 오고 있어.'라고 이야기할 수 있겠어요."
"그래. 말하면서 행동하는 게 중요해. 말만 하지 말고 행동해.

그래야 정말 네가 원하는 모습으로 바뀔 수 있어."

"네! 오늘부터 다시 성장 노트에 적어볼게요."

"하나라도 감사하는 마음으로 적어봐. 거기서부터 다시 시작하자."

"좀 더 홀가분한 마음으로 할 수 있을 것 같아요. 아니 할 수 있어요!"

나는 노트를 펼쳤다. 첫 장을 보았다. 그리고 성장 확언 아래에 하나를 더 적어보았다.

간절하게 외치면 반드시 이뤄지는 나만의 성장 확언

나는 가치 있는 존재입니다.

나는 꿈을 이뤄냈습니다.

나는 '예전의 나'와 비교합니다.

+ 나는 불평불만 대신에 '감사'를 외칩니다.

- 5 -

성교육보다 자존감이 먼저다

그 시작은 너 자신을 먼저 믿는 거야

2학기부터 보건 수업이 생겼다. 보건샘은 활동지에 '자존감이란 ○○ ○이다.'를 적어보게 하셨다.

'응? 자존감이 뭐지?' 나는 궁금증이 생겨서 보건샘이 하는 말에 귀를 기울였다.

"여러분은 살면서 '나는 왜 이럴까? 내 인생은 왜 이럴까?'라는 여러 가지 인생의 퍼즐을 갖게 돼요. 그 퍼즐을 맞출 때 항상 등장하는 게 '자존감'이죠! 여러분들이 궁금해하는 '성'도 인생의 퍼즐 안에 있어요. 가장자리에 있는 퍼즐을 먼저 맞추면, 다른 것들도 맞추기 쉽죠?

그것처럼 자존감이라는 퍼즐을 먼저 찾고 내 기준을 세우면 나머지 인생의 퍼즐도 자연스럽게 연결할 수 있어요. 처음에는 서툴고 힘들 수도 있지만, 차근히 맞춰가면 돼요. 그 과정에서 나를 완성하는 기회를 만날 수 있어요."

　"자존감 찾기 프로젝트라…."

　자존감은 '스스로 어떻게 평가하는지', '스스로에 대해 만족하는지'를 나타내는 단어라고 했는데, 내가 그동안 불행하다고 생각했던 것이나 불평불만 했던 것들이 모두 자존감이 낮아서 그렇다는 걸 알았다. 부정적인 데다가 자존감도 낮다니…. 10점 만점에 내 자존감은 몇 점일까? 결국 '자존감이란 ○○○이다.'에서 빈칸을 채우지 못한 채 수업이 끝났다.

　요즘 성장 노트를 쓰면서부터, 좀 더 수업을 들으려고 노력하고 있다. 그래서 그런가…. 안 쓰던 두뇌를 많이 써서 졸리다. 급식 먹고 난 후 5교시는 특히 더 졸린 것 같다. 하품이 절로 나온다. 아…. 졸면 안 되는데…. 음? 칠판 앞에 서 있는 저 선생님, 꼭 나무님 같다.

　"네가 너무 졸려 하는 것 같아서 내가 수업하러 왔지. (웃음) 예전에 네가 말하는 걸 내가 우주에 메시지로 전송한다고 했지? 그 원리에 대해 내가 말한 적 있었나?" 나무님이 말했다.
　"아뇨, 별생각 없었는데…. 그렇게 말씀하시니 쪼끔~. 궁금해졌어요."

"쪼끔~. 궁금한 거면 그냥 넘어가자."

"아~. 왜 이러세요. 궁금해요. 완전~. 궁금해졌어요."

"눈에 보이지 않으니까 안 물어보고 안 궁금해하지. 자~. 설명해줄게. 잘 들어봐."

나무님은 보이지 않는 힘에 대해 예를 들어주었다. TV를 볼 때 어떻게 방송국에서 우리 집까지 나오게 될까? 그건 전파를 이용한 것인데, 인터넷, 스마트폰 역시 '전파의 법칙'이었다. 우리 주변엔 보이진 않지만 실제로 존재하는 법칙이 참 많았다. 배는 보이지 않는 '부력'을 이용해 움직이고, 비행기는 보이지 않는 '양력'을 이용해 움직인단다. 정말 신기하다. 이런 법칙들을 이용해 기계들을 만들어서 눈에 보이게 하는 것도 흥미로웠다. 우주엔 이렇게 보이지 않는 법칙이 많았구나. 보이지 않는 법칙을 공부하는 과목이 과학이었다니, 과학자나 과학 선생님들이 멋져 보였다.

"오~. 이젠 정리도 제법 잘하는데." 나무님이 날 칭찬했다.

"조금씩 나아지는 것 같죠?" 나도 기분이 좋아 어깨가 으쓱 올라갔다.

"이 모든 보이지 않는 법칙들은 우주의 '부분적인 법칙'일 뿐이야."

"헐…. 부분적인 것도 저렇게 많은데, 그럼 생각지도 못한 법칙들이 더 많이 있어요?"

"그럼. 우주는 무한한 가능성이 가득해. 수영아, 네가 작은 우주라면 믿겠어?"

"제가 작은 우주라고요?"

내가 우주라는 말은 쉽게 이해가 되지 않았다. 키만 컸지 이렇게 아무것도 하지 못하는 내가 우주라니…. 맞다, 부정적인 말은 하지 않기로 했으니…. 흠~. 할 말이 없다. 점점 나아지곤 있지만, 반면에 점점 말하기가 어려워진다. (무슨 말을 못 하겠다.) 성장 노트 5일 차, 늘 부족한 것 같은 나를 보면 아직도 답답하다. 이미 내 마음을 알아챈 듯이 윙크를 하며 나무님이 말했다.

"너 살아 있지?"

"당연하죠. 살아 있으니 이렇게 꿈도 꾸고, 나무님도 만나죠."

"우주도 살아 있어. 생명인 거지. 우선, 그게 너와 같아. 둘 다 똑같이 하나의 생명이야."

나무님은 『청춘대화』에 나온 내용을 그림까지 그리며 열정적으로 설명해주었다. 머리가 동그란 것은 둥글게 보이는 하늘이다. 눈은 태양이라서 두 눈을 깜빡이면 낮과 밤이 생긴다. 내 눈을 깜빡이는데 신기했다. 머리카락은 별이다. 그래서 머리가 빠지는 것은 별똥별이다. 요즘 엄마가 머리가 많이 빠져서 짜증을 냈는데 스트레스받지 말고 소원을 빌라고 이야기해줘야겠다. (웃음) 눈썹은 별이 모여 있는 별자리라고 한다. 눈썹을 그리고 다니는 우리 반 몇몇 여자애들은 벌써 인공위성을 가지고 다니는 것이었다.

우리 몸은 정말 신기했다. 그것도 내 몸이 우주와 닮아서 더 신기하다.

숨을 쉬는 것은 바람을 의미했다. 불평불만이 생길 때 심호흡을 하면 처음에는 강력한 태풍처럼 다 날려버릴 듯 거칠어졌다가 점차 조용하고 시원한 바람이 된다. 그래서 나도 호흡을 조절하는 방법을 자연스럽게 익힌 것이다. 호흡을 느끼는 나를 흐뭇하게 바라보던 나무님이 말했다.

"우리 몸은 작은 병원과도 같아. 몸이 아팠을 때 '응? 뭔가 몸이 이상한데?'라는 신호를 보내지? 그 신호를 접수하면 우리 몸은 스스로 진단을 내리기도 해. 가끔 오진일 때도 있지만 말이야. (웃음) 스스로 진단을 내리고 몸에선 스스로 약도 만들어내지, 암세포를 죽이는 세포도 우리 몸에 실제로 살아 있어. 스스로 나를 지키는 힘이 나에게 있는 거지. 예를 들면 열이 날 때, 내 몸엔 조절 센서가 있는데, 이 센서가 고장 나면 정말 목숨이 위험해져."

스스로 건강을 지키는 힘이 나에게도 있다는 게 신기했다. 그래서 불가사의한 하나의 우주라고 말할 수 있었다. 전파는 보이진 않지만, 폰을 통해 확인할 수 있는 것처럼, 우주의 무한한 힘도 분명히 있다는 걸 내 몸으로 알 수 있다니…. 나무님은 목소리를 크게 하면서 나를 보며 강조하며 말했다.

"우주의 힘은 무한해. 그 무한한 가능성을 '믿는가 아닌가'로 결정된다고 할 수 있어. 그 시작은 너 자신을 먼저 믿는 거야. 나는 나를 끝까지 믿어준다. 이렇게 매일 확언해봐!"

"나는 믿는다. 나는 나를 믿는다. 나는 나를 끝까지 믿어준다."

나는 되뇌며 성장 노트에 적었다. 마블 영화에서 보면 '양자' 영역이 나오던데, 이게 우주에서 나온 것이라니 더 신기했다. 우주에 있는 원자 · 양자와 같은 소립자나 산소 · 수소와 같은 원소 대부분이 내 몸에도 포함되어 있다니, 더욱더 과학이 재미있어졌다. 나무님은 우주를 보여주며 말을 이었다.

"물질뿐만이 아니라 우주가 생기고 사라지는 것도 이해해야 해. 인간의 '삶과 죽음'과도 닮았거든."

"죽음 생각하면 아빠 생각이 나요."

"괜찮아. 그게 자연스러운 거야…. 수영아, 태어난 인간은 누구나 죽게되어 있어. 우주도 마찬가지고. 대신에 얼마나 후회 없이 살았느냐가 더 중요하지."

"후회 없이 살았는지 그것이 더 중요하다." 나는 되뇌었다.

나무님은 나에게 지금 내가 있는 곳에서 후회 없이 살아야 한다고 하셨다. 어디 도망가고 싶은 내 마음을 들킨 것 같았다. 그리고 내가 원하는 모습으로 성장하는 것을 나에게 먼저 보여주라고 했다. 그 노력하는 모습을 발견할 때마다 나의 말과 행동이 스스로 마음에 든다. 그럼 자존감도 자연스럽게 올라간다는 이야기를 해주셨다. 나는 손가락을 튕기며 말했다.

"맞다. 자존감! 잊고 있었는데 생각났어요."

"자존감은 한 번에 찾긴 어려워. 스스로 연구해야 해. 우주처럼 무한한 너를 잘 살펴봐."

'나의 몸은 우주와 같다. 나는 작은 우주다. 그러니까 나는 나를 믿는 다.'

"그리고 한수영! 내가 꿈에 매일 찾아오지 않는다고 너무 불안해하지 마. 나는 네 안에 이미 있어. 어떻게 해야 할지 모를 땐, '나무님이라면 어 떻게 말해줬을까? 어떻게 해줬을까?'라고 늘 생각하며 1mm라도 움직여 봐. 그럼 어느새 해결되는 방향으로 가고 있을 거야."

간절하게 외치면 반드시 이뤄지는 나만의 성장 확언

나는 가치 있는 존재입니다.

나는 꿈을 이뤄냈습니다.

나는 '예전의 나'와 비교합니다.

나는 불평불만 대신에 '감사'를 외칩니다.

+ 나는 나 자신을 끝까지 믿어줍니다.

- 6 -

잔소리가 싫다면 스스로 성교육을 공부해라

내가 공부한 것을 알려준 것뿐인데, 오히려 내가 더 성장한 느낌이다

"너는 알람이 도대체 몇 개냐? 너 때문에 시끄러워 죽겠다. 이 XXX 야!" 엄마였다.

"그럼 엄마가 깨워주든가~!!! 왜 욕까지 하고 난리인데!?" 나도 짜증 나는 말투로 말했다.

"아침에 바쁜 거 안 보여? 말로 하면 네가 알아듣긴 하냐? XXX, 말대 꾸나 하는 주제에."

스톱! 나는 어금니를 꽉 물었다. 속으로 '심호흡~. 심호흡'을 계속 되뇌었다. 오늘도 어김없이 엄마의 '모닝 욕'을 들으며 하루를 시작했다. 이젠 욕을 들으면서도 '감사'할 것을 찾는 연습을 했다. 내 맘도 모르고 잔소리만 하는 엄마에게 서운한 맘도 들었다. 하지만 조금씩 감사 근육이 커졌나 보다. '목소리가 아주 큰 걸 보니 엄마가 쌩쌩하구나. 건강해서 고맙네 ~.'라며 감사도 '찾아내기' 시작했다. 뿌듯해하며 거울을 보고 어색한 미소를 지어보았다. 그리고 성장 확언을 외쳤다. 학교 가는 발걸음이 예전보다 가볍게 느껴졌다. 나무님 만나면 칭찬받을 수 있겠다.

1교시, 보건 시간 키워드는 '동의'였다. 〈어린이를 위한 동의〉라는 영상을 본 뒤 대화를 나눴다. 스킨십 할 때 상대방에게 동의를 구하는 것도 중요하지만, 물건을 빌릴 때나 폰으로 친구의 모습을 찍고 올릴 때처럼 일상에서부터 동의를 주고 받아야 한다는 것을 보건샘은 더 강조하셨다.

그런데, 수업에는 전혀 아랑곳하지 않고, 우리 반에서 제일 센 척하는 그 녀석이 내 수정테이프를 던져서 다른 친구에게 주었다. 그것도 내 허락도 없이~! 완전 어이 상실 직전이다.

"이거 내 거거든~. 왜 네 맘대로 내 걸 쟤 주는데?" 화가 난 내가 말했다.

"ㅅㅂ, 너 이럴 땐 꼭 계집애 같다!? 키만 멀대같이 커서 상남자인 줄 알았지. 남자는 이런 거로 쪼잔하게 안 굴거든~." 작은 눈을 게슴츠레 뜨며 그 녀석이 말했다.

"뭐 ㅅㅂ? 나보다 키도 작은 것이 왜 맨날 센 척인데? ㅈㄴ 부러우니까 일부러 그랬지?"

"여자가 남자처럼 하고 다니는 것도 기분 나쁜데, 뭐? 키도 작은 게 센 척이라고?"

열 받으니까 나도 모르게 욕이 나왔다. 그동안 해온 노력이 물거품이 되었다…. '눈에는 눈, 이에는 이' 욕을 들어도 싼 놈들은 욕으로 응징을 해줘야 한다. 특히 꼭 불리할 때마다 '남자, 여자' 하며 떠들어대는 저런 놈들은 더 호되게 당해야 한다.

우리 둘 목소리가 점점 커지자 보건샘이 수업을 멈췄다. 분위기가 갑자기 싸해지고, 나와 그 녀석은 뒤로 나가서 서서 수업을 듣게 되었다. 결국, 교무실로 불려간 우리. 난 정말 억울했다. 잘못한 게 없는데 왜 나까지 불려가야 되는 거지? 보건샘은 무슨 일이 있었는지 물었고, 억울한 나는 폭발 직전이었다. 하…. 나무님이라면 뭐라고 얘기해줬을까?

"쟤가 허락 없이 제 수정테이프 던져서 딴 애 주고, 저한테는 계집애라면서 쌍욕 했어요."

"쟤도 같이 욕했거든요~."

그 재수 없는 녀석, 비아냥거리는 것도 맘에 안 들었다.

"쟤가 먼저 욕하니까 저도 욕한 거예요." 나도 억울해서 보건샘에게 말했다.

보건샘은 이야기를 듣고 나서 우리 둘이 했던 욕의 의미를 알려주었다. 욕은 '소리 내서 말로 하면 절대 안 된다.'라면서 김혜경샘의 『그러니까, 존중 성교육』 책을 보여주셨다. 그리고 앞으로도 말로 내뱉지 말 것을 샘이랑 거의 반강제적으로 약속했다. 그나저나 내가 그동안 썼던 욕이 이런 의미가 있었다니. 헐…. 충격적이었다. 샘은 책 내용 중에서 특.별.히. 몇 개를 알려주셨다. 모두 자주 들었던 욕이었다.

- 씨발 : '씨를 발라주겠다'의 준말, 또는 '씨받이'에서 유래되었다는 설, 혹은 '씨불알'이 '씹알'을 거쳐 변했다는 설이 있음. '남자의 씨를 밟아 버리겠다'가 '씨 밟아'를 거쳐 '씨발'이 되었다는 설도 있음.
- 씨팔 : '씹(여성의 성기)을 판다'가 '씹팔'을 거쳐 '씨팔'로 변했다는 설과 '씨(자식)를 팔 놈과 년', 즉 자기 자식을 상품으로 거래해 파는 부모에서 유래되었다는 설, 그리고 '씹(성행위)을 한다' 하여 '씹할'을 거쳐 '씨팔'로 변했다는 설이 있음.
- 존나 : '좆 나오게'가 '좆나게'를 거쳐 '좆나'로 줄어든 뒤 맨 앞글자의 'ㅈ' 받침이 '나'의 'ㄴ'과 동화되어(자음동화) '존나' 또는 '졸라'로 변형된 것. 다시 말해서 '발기할 정도로' 또는 '꼴리게'라는 뜻.

나는 정말 놀랐고, 옆에 그 녀석 얼굴을 쳐다봤다.

나보다 더 얼굴이 빨개져 있었다. 보건샘은 우리에게 이런 뜻으로 단어를 사용한 게 맞는지 물었다. 나는 이런 뜻인 줄도 몰랐고, 너무 억울했다. 그 녀석도 그런 뜻으로 사용한 게 아니라며 손사래를 쳤다.

"핑계로 들릴 수 있겠지만 전 그런 뜻으로 사용한 게 절대 아니에요."
그 녀석이 말했다.

"물론, 모를 수 있지, 하지만 모른다고 욕을 사용해도 되는 건 아니야. 뜻을 모르면 더 조심해서 써야 해. 그리고 네가 말하려고 하는 뜻을 가진 다른 단어를 사용해야지. 오늘 제대로 알았으니 이제부터 바꿔야 해~! 할 수 있지?"

그 녀석은 '솔직히 자신 없다.'라며 장난기 없는 목소리로 말했다. 자기가 욕을 안 써도 친구들, 형들 모두 욕을 쓰니까 다시 쓸 것 같다는 것이었다. 그리고 사회생활을 하려면 쓸 수밖에 없다고 이야기했다. 그 말에 보건샘은 욕은 상대방을 나보다 낮추고 내가 더 세 보이려고 쓴다고 이야기해주셨다. 장난으로 웃으면서 하는 말 속에 우리를 차별하고 무시하는 의도가 숨겨져 있는 것이었다. 그러면서 보건샘은 말을 이었다.

"너희들이 앞으로 욕하는 사람을 만나면 '그 욕 무슨 뜻인지 알고 쓰는 거지?'라고 한마디만 해봐. 그리고 알면서도 계속 욕을 쓴다면, 그 사람하고는 멀리하면 되는 거야."

"요즘 욕 안 쓰려고 정말 노력했는데…. 열 받아서 저도 모르게 나와 버렸어요. 그래서 더 짜증이 나요." 나는 억울해서 목소리에 힘을 주어 말했다.

"노력하는데, 너도 모르게 나와서 짜증났구나. 앞으로도 말버릇처럼 툭 튀어나올 수 있을 거야. 그런데 괜찮아, 조금씩 줄여 가면 돼. 그러다 보면 욕을 쓰지 않는 날이 더 많아질 테니. (씽긋 웃으며) 사실은 샘도 그랬거든."

그렇게 쉬는 시간이 끝났다. 우리 덕분에 다음 보건 시간은 특별히 '비속어 예방' 교육이었다. 욕이나 비속어 유래를 살펴보니 '계집, 니미, 엄창' 등등 여자나 엄마를 비하하는 게 많았다. 특히 남자애 중에서 힘이 약한 아이들에게 계집애라고 놀리거나 욕하며 여자처럼 대하는 걸 가장 수치스럽게 느낀다는 것도 알게 되었다. 집에 가서 엄마한테 말해주고 싶은데…. 욕쟁이 엄마랑 과연 대화가 될까???

"엄마, 다녀오셨어요?" 나는 현관 입구에 나가 인사를 했다.
"오메~. 미친 X, 웬일이래? 인사도 다 하고." 엄마가 웃으며 말했다.
"딸한테 미친 X이 뭐야~. 그 말 무슨 뜻인지 알고 쓰는 거지?" 앗싸! 바로 써먹었다.
"애 어디 아픈가? 이상하네~. 맨날 쓰는 건데 오늘따라 왜 이래?" 엄마는 어리둥절해 했다.

엄마에게 샘이 준 종이를 보여주며 욕의 유래를 알려주었다. 그러면서 내가 엄마한테 성교육을 알려주고 있다는 사실이 뿌듯했다. 예전엔 몰랐던 것들도 새롭게 알게 되었다. 그동안 아무렇지 않게 욕을 쓴 내 모습. 세 보이고 싶고, 지기 싫고, 웃기고 싶어서 욕을 쓰던 내 모습. 엄마의 욕을 그대로 친구들에게 썼던 모습. 그리고 내 욕을 들었던 친구들의 썩은 미소들이 스쳐 지나갔다.

엄마 잔소리도 욕처럼 느껴졌다. 날 무시하고, 해준 것도 없으면서 원하는 것만 많다고 생각했다. 하지만 오늘 욕에 대해 배우면서 느낀 게 많았다. 내가 공부한 것을 알려준 것뿐인데, 오히려 내가 더 성장한 느낌이었다. 잔소리가 싫다면 나 스스로 성교육을 공부하라는 말씀을 이제 이해할 수 있었다. 그동안 엄마 탓, 친구 탓, 그것도 모자라 내 탓까지…. 온갖 핑계를 대면서 '욕 쓰는 건 어쩔 수 없어.'라고 생각했던 내 모습을 반성했다.

그리고 잠자기 전, 책상에 앉아 성장 노트를 펼쳤다. '오늘은 어떤 성장 확언을 적을까.'를 생각해보았다. 벌써 5가지나 되었다. 오늘 배운 것들도, 앞으로 나에게 해줄 말들도 많았다.

간절하게 외치면 반드시 이뤄지는 나만의 성장 확언

나는 가치 있는 존재입니다.

나는 꿈을 이뤄냈습니다.

나는 '예전의 나'와 비교합니다.

나는 불평불만 대신에 '감사'를 외칩니다.

나는 나 자신을 끝까지 믿어줍니다.

+ 나는 탓하거나 핑계를 대지 않습니다.

(나는 내 탓, 남 탓, 환경 탓을 하지 않습니다!)

패드립

최근에는 패드립(패륜+드립)이 학교 폭력 사례에 많다. 유튜브에서 사용되는 용어가 많으므로 내가 모르는 언어를 사용할 때는 특히 조심할 필요가 있다. '니미, 엄창, 느금마'와 같은 단어만 사용해도 패드립으로 오해를 받을 수 있다. 오해받을 말과 행동은 하지 않는 게 좋다.

- 니미씨발 : '니미'는 듣는 이의 어머니를 뜻하므로 자기 어머니와도 성행위를 할 정도로 막돼먹은 인간 말종이라는 뜻
- 엄창, 엠창 : '우리 엄마 창녀(성을 파는 여성)'라는 뜻. 뭔가의 사실을 말했을 때 그것의 진실성을 보증한답시고 하는 행위로 내가 말한 게 진실이 아니면 우리 엄마가 성을 판다는 사회적 손가락질도 불사하겠다는 의지를 담고 있음.
- 느금마 : '너의 엄마'의 경상도 사투리, 상대방의 어머니를 모욕하는 말. (너의 엄마→너거엄마→느그엄마→느금마)

— 출처 : 김혜경, 2019, 『그러니까, 존중 성교육』

7

성교육에는 정답이 없다

너는 반드시 너다운 방법을 찾아낼 거야

학교를 마치고 자전거를 타고 집으로 왔다. 친구가 전동 킥보드를 샀
다고 자랑을 했다. 전동 킥보드 타고 바람맞으며 달리면 더 신나겠지?
나도 갖고 싶은데 돈이 없다. 학원도 안 보내주는데 뭘…. 엄마한테는 이
야기해봤자 안 될 것 같고…. 흠~. 어떻게 하면 살 수 있을까? 소파에 누
워서 생각하다가 창문에 들어오는 포근한 햇살이 참 좋다. 하암~. 하품
이 나온다. 방법을 떠올리기 전에 잠이 들었다.

전동 킥보드 타고 가는 저 사람… 익숙한 뒷모습이다. 날 보며 웃는 나
무님이었다.

"부러우면 지는 거야~. 수영아, 너 갖고 싶은 게 참 많지. 왜 그게 갖고 싶은데?"

"저는 전동 킥보드, 아이팟, 이번에 새로 나온 폰도 갖고 싶어요! 친구들은 다 가지고 있는데 나만 없으면 이상하잖아요. 나만 뒤처지는 것 같고 그래요." 나는 입이 나온채 얘기했다.

"그럼 사! 사면 돼지."라고 나무님이 이야기했다. 엄마는 맨날 돈 없다고 저렇게 노래를 부르는데…. 사달라고 조를 수가 없었다. 그렇다고 용돈이 넉넉한 것도 아니었다.

"그 정도라면, 꼭 필요한 건 아닌가 보네? 하긴 새것도 2~3달 있으면 다 중고 되잖아." 나무님이 말했다.

"그건 그래도 친구들은 새것 많이 갖고 있거든요…. 우리 집도 돈이 많았으면 좋겠어요."

"한수영, 점점 너희 집 탓을 많이 하는 거 같다? 불평불만 생기면 어떻게 하기로 했지?"

아~. 또 버릇 나왔다! 나도 모르게 손으로 머리를 쥐어박았다. 일단 생각 멈추고! 숨을 크게 들이마시고, 내쉬면서 '감사합니다.'라고 말하라고 했으니까… 일단 해보자.

'감사합니다. 감사합니다. 감사합니다.' 참~. 영혼 없다. 근데 뭘 감사해야 하지…?

'감사합니다. 감사합니다. 감사합니다.' 흠…. 외치면서 계속 생각했다. 감사할 게 뭐 있지?

'감사합니다. 감사합니다. 감사합니다.' 그래도 자전거가 있어 좋아.

"오! 저 찾았어요. 자전거가 있어서 감사해요!"

"그럿~취! 네가 가지고 있는 걸 잘 찾아냈구나!!!"

나무님의 '그럿취!' 칭찬받는 것도 조금씩 익숙해지고 있다. 부정적인 생각도 조금씩 좋아졌다. 아직 연습이 많이 필요하지만…. 조금씩 하면 된다는 생각이 예전보다 더 들었다. 요즘 성교육을 배우면서 재미있는 일이 많아져서 나는 어깨를 당당히 펴면서 이야기했다.

"며칠 전에는 제가 엄마한테 성교육 때 배운 '욕' 안 써야 하는 이유를 알려줬어요."

"오호~, 그렇게 네가 스스로 공부해야 진짜 공부가 돼서 재밌지. 너한 테는 효과 있었어?" 나무님이 말했다.

"욕을 들어서 완전 열 받았을 땐 저도 모르게 나와 버렸지만…. 욕에 무슨 뜻이 있는지 알게 돼서 그런지 좀 더 조심하게 돼요."

"성교육은 인생 공부하는 거랑 비슷해. 아니 인생 공부랑 똑같아."

"그냥 성교육이면 성교육이지~. 거창하게 인생 공부랑 똑같다고요? 어른들도 잘 모르던데…." 나는 이해가 안 돼서 물었다.

"그럼~. 성교육을 공부하다 보면, 너에 대해서 알게 될 거야. 네가 원하는 방향대로 가는 '진짜 어른'이 될 수 있어. 자~. 좀 더 쉽게 자전거 타는 거에 비유해줄게."

나무님은 두발자전거를 처음 타던 어린 내 모습을 보여줬다. 어린 나는 헬멧과 무릎 보호대를 하고 있었다. 나는 뒤에 아빠가 있는지 없는지를 계속 살폈다. 조금씩 페달을 밟고, 재미가 생겨 신나게 달리다가 아빠가 손을 놓은 걸 알고 비틀거리다 넘어졌다.

"운동신경이 좋아서 원래 잘 탄 줄 알았는데, 어릴 때를 다시 보니 아니었네요. 재밌어요." 나는 신기해서 말했다.
"네가 포기하지 않고 계속 페달을 밟았으니까 지금처럼 잘 타게 된 거야. 처음에는 아빠가 도와주었지만, 조금씩 앞으로 나가는 연습을 하니까 결국, 도움 없이 혼자 탄 거지."
"맞아요. 좀 힘들었지만 재밌어서 계속 연습했었어요. 나중엔 넘어져도 금방 일어났고요."

인생도 똑같다. 내가 원하는 '진짜 어른'이 되려면 혼자서 균형을 잡을 수 있어야 했다. 그리고 매일 조금씩 한 발이라도 페달을 밟는 일이 중요했다. 그 연습을 계속해야 손을 놓고 탈 수 있을 만큼 균형감도 생긴다. 누구든 처음부터 잘 탈 수는 없었다.

'좋은 자전거를 타면 좀 더 잘 타지 않을까?'라는 생각이 들었다. 돈을 모아서 전동 킥보드 말고 좀 더 튼튼한 자전거를 살까? 내 생각을 알아챈 나무님이 이야기했다.

"자전거에 의지하는 게 아니라, 핸들을 잡은 너를 믿고 너의 안전장치들을 믿어야지."

"나는 알겠는데…. 안전장치는 뭐예요?" 내가 다시 물었다.

"출발하기 전에 헬멧이랑 보호대도 하고, 브레이크나 체인에 이상이 없는지 봐야지."

"전 헬멧은 무조건해요. 아빠가 오토바이 타다가 사고 난 건데, 헬멧을 안 썼어요…. 사실, 저도 자전거 타기가 익숙해지면서부터 헬멧 안 썼는데, 아빠 사고 이후엔 헬멧은 꼭 써요. 그리고 엄마가 헬멧 안 쓰면 자전거 팔아버린다고도 얘기했구요…."

아빠 얘기를 꺼내기가 예전엔 불편했지만, 조금씩 자연스럽게 말하는 내가 되었다. 기분이 묘했다. 나무님이 날 보며 이야기를 계속했다.

"익숙해질 때가 더 위험해. 자신감이 붙어서 더 과감해지니까 과속해서 더 위험하지. 그러니까 네가 먼저 안전장치를 챙겨야 해. 주변에서는 도와줄 뿐이야."

"맞아요. 헬멧은 중요해요. 지난번 친구가 사고 났어요. 걔도 헬멧을 안 써서 크게 다쳤는데, 그 얘기 들으니까 아빠 생각이 났어요."

"네가 아무리 안전하게 방어 운전을 잘해도, 언제 어디서든 사고가 날 수 있어. 어릴 때는 안전장치들을 잘하다가 크면 귀찮다며 안 하는 사람들이 꼭 있거든?! 헬멧을 써야 하는데, 안 쓰고 다니다가 사고가 나면 크게 다치는 경우가 많지."

자꾸 아빠 생각이 나서 힘들어졌다. 내 마음을 눈치를 챘는지 나무님이 말했다.

"넌 매일 페달을 밟았어. 포기하지 않았고, 힘들어도 재미있는 걸 찾아냈고, 그렇게 꾸준히 실천해서 결국은 잘 타게 됐잖아!? 살면서 넘어지거나 부딪치는 크고 작은 사고가 생길 수도 있어. 그러니까 사고에 대한 트라우마가 있거나, 사고가 날 것 같아 불안하다면 '예방하는 방법'을 배워야 해. 그 방법을 터득하고 나면 설령 사고가 났을 때도 빨리 대처할 수 있어. 이렇게 예방법을 배우는 게 성교육이고, 너만의 '안전장치'야. 사실, 인생을 사는 것과 전혀 다를 게 없어."

'포기하지 않았다. 매일 꾸준히 실천한다.' 이 말이 가장 와닿았다. 나무님은 이어 말했다.

"자전거 타는데, 정답이 필요할까? 가장 너다운 모습으로, 자전거를 타고 인생 여행을 가는 거야! 그거면 돼. 인생 공부에도 정답은 없어. 성교육도 마찬가지야. 너는 반드시 너다운 방법을 찾아낼 거야.

내가 준 성장 노트는 잘 쓰고 있지? 그거 내 발명품이야! 잘 써야 해."

"네, (웃음) 매일 감사한 거 하나씩 적고 있어요! 오늘은 조금 늘려서 두 개 써볼게요."

성장 노트로 화제가 옮겨갔다. 나무님은 성장 노트의 뜻을 아는지 나에게 물었다.

"겨울잠 자듯이 게으른 저에게 뿌리 깊은 나무처럼 잘 성장하라고 준 거 아니었어요?"

"그런 뜻도 있지. 성(性)은 성교육할 때 '성'이고, 장(長)은 '자란다.'라는 뜻이야. 건강한 성은 인생에서 나답게 성장하는 좋은 기준이 될 수 있어. 나는 무엇보다 너답게 성장했으면 해. 그걸 돕는 게 내 사명이야."

나무님은 자기 자신에게 지지 않고, 매일 조금씩 앞으로 나아가는 성장을 할 때, 진짜 나다움을 찾을 수 있다고 진심으로 격려해주었다. 엄지를 힘껏 올리며 나무님이 말했다.

"지금도 잘하고 있어. '어제의 나'보다 매일 1mm라도 위로 성장하면 돼. 아니면, 단 5분이라도 좋고, 한 줄의 감사일기도 좋아. 조금 더 끈기를 갖자, 나 자신한테 지지 않는 게 진짜 이기는 거야!"

"하루에 1mm씩이라도 움직이라고 하니, 한결 마음이 가벼워졌어요. 근데 빨리 보고 싶기도 해요. 신나게 자전거 타는 것처럼 진짜 인생을 사는 내 모습이요. 그동안 가면 쓴 가짜 내 모습 같았거든요."

"기대되지 않아? 진짜 너답게 성장한 네 모습 말이야. 보여줘. 내가 지켜보고 있을게."

간절하게 외치면 반드시 이뤄지는 나만의 성장 확언

나는 가치 있는 존재입니다.

나는 꿈을 이뤄냈습니다.

나는 '예전의 나'와 비교합니다.

나는 불평불만 대신에 '감사'를 외칩니다.

나는 나 자신을 끝까지 믿어줍니다.

나는 탓하거나 핑계를 대지 않습니다.

+ 나는 나에게 지지 않고 점점 더 성장합니다.

성교육, 사춘기부터 시작해야 하는 이유

진짜 나다운 성장은 속도보다 '방향'을 잘 잡고 나아가는 인생이다

사춘기, 나답게 성장하는 법

잘 만들어진 게임은 인생과 같다. 내 인생에는 스토리가 있다. 게임할 때처럼, 내가 원하는 인생을 위해선 시간과 노력이 필요하다. 미션 수행과 동시에 매 순간이 선택이다. 오른쪽으로 갈지, 왼쪽으로 갈지, 피하거나 숨는 것조차 나의 선택이다. 그 선택의 끝이 해피엔딩이 될지, 새드엔딩이 될지는 수많은 선택 후에 만날 수 있다. 여러분은 어떤 선택을 하고 어떤 엔딩을 원하는가? 어제보다 1mm라도 더 성장하기로 선택해보자. 진짜 나다운 성장은 속도보다 '방향'을 잘 잡고 나아가는 인생이다.

우리는 '성장 씨앗'을 심었다. 그리고 여기까지 읽어준 여러분의 애정과 관심 덕분에 싹이 돋았다. (여러분이 책을 보지 않았다면 싹은 말라비틀어졌을 것이다.) 이 싹이 돋아 줄기가 크게 성장하는 시기가 바로 '사춘기'다. 갑자기 성장한 줄기는 바람에 넘어질 수도 있고 누군가에 의해 꺾여버리기도 한다. 그래서 사춘기들은 인생의 지지대가 필요하다. 그래야 자기다운 방향으로 성장할 수 있다. 이제 성장하기로 마음먹고 더욱 성장할 여러분을 전적으로 도와주는 3가지 지지대가 있다. 첫 번째 '명확한 꿈'이라는 인생의 지지대, 두 번째는 '자기답게'라는 자존감의 지지대, 세 번째는 '존중'하는 관계의 지지대이다.

어제보다 1mm라도 더 성장하기로 선택하였는가? 그렇다면 여러분은 '꿈나무'이다. 성장을 위해 꿈꾸는 나무이므로 앞으로 여러 멘토의 도움과 지지를 받을 것이다. 배울 게 많고, 나의 성장에 도움을 주는 멘토는 내가 직접 찾아야 한다. 결코, 기다려서는 오지 않는다. 내가 배우려는 마음을 먹었을 때, 눈앞에 나타난다. 실제로 사춘기에 갑자기 성장하면 몸과 마음에 크고 작은 상처가 생길 때가 많다. 이때 멘토에게 대화를 요청해보자. 멘토 덕분에 뿌리를 더 깊게 내릴 수 있다. 그리고 점차 도움 없이 홀로 설 수 있다. 아직 그를 찾지 못했다면, 여러분이 가장 먼저 스스로 멘토가 되어주자.

'나를 믿을 수 없다. 난 할 수 없다.'라는 생각이 먼저 들 수 있다. 이때는 우선 '나의 믿음 그릇'을 키우자. 그릇이 커져야 나에 대한 믿음을 좀 더 채울 수 있다. 작은 그릇을 좀 더 크게 키우는 방법은 아주 쉽다. 바로 나만의 성장 확언을 매일 아침 소리 내어 읽는 것이다. 수영이의 7가지 확언을 따라 읽어도 좋고, 나답게 만들어서 자주 눈이 가는 곳(화장실, 책상, 폰 등)에 보이도록 하자. 외울 수 있을 정도로 매일 아침 3번씩 외치면 더 좋다. '내일부터는' 내일 생각하고, '딱 오늘까지만' 해보자.

고정관념을 깨는 젠더 감수성

이제 우리는 알에서부터 새가 되기 위해 껍데기를 쪼아 나오는 것처럼, 그동안 익숙해진 '버릇 껍데기'를 벗어 던져야 한다. 우리의 부모님, 그 부모님의 부모님⋯. 이전부터 만들어 놓은 '버릇 껍데기'에 나도 모르게 둘러싸여 있다. 그 '버릇 껍데기'의 다른 이름이 바로 '젠더'이다. 사춘기가 시작되면서 우리를 답답하게 만드는 젠더를 깨는 과정은 매우 의미가 있다.

우선 젠더 껍데기 안에서 내가 불편하다는 것을 알아차려야 한다. 젠더 감수성을 키우는 것이다. 그다음엔 껍데기를 깨고 나가는 힘이 바로 내 안에 있다는 사실을 믿어야 한다. 힘을 키워가면서 조금씩 이 단단한 껍데기를 깨부숴야만 자유로운 새가 될 수 있다. 나도 안에서 행동하고 여러분의 멘토 역시 함께 쪼아줄 것이다. 그 과정에서 자연스럽게, '나쁜 버릇'인 상남자, 천상여자와 같은 젠더 껍데기를 벗어던질 수 있다. 그리고 '좋은 습관'인 나다움을 찾아 떠나는 자유로운 새가 될 것이다.

키도 크고, 게임과 운동을 좋아하고, 욕을 쓰며, 음담패설을 잘하는 수영이. 여러분은 처음 수영이를 남자로 보았는가? 여자로 보았는가? 여러분이 어떻게 생각했을지 정말 궁금하다. 우리는 한 사람을 볼 때 겉으로 드러난 모습을 먼저 보게 된다. 외모 평가에 익숙하기 때문이다. 그러는 동안 여러분도 모르는 사이 '남자는 이래야지.', '여자는 이래야지.' 하는 젠더 고정관념이 생긴다. 그리고 젠더 고정관념을 기준으로 사람을 평가하고 판단한다.

여러분이 '젠더 고정관념'이 적고, '젠더 감수성'이 높다면 수영이를 남자, 여자 상관없이 '한 사람'으로 보았을 것이다. 반면에 '젠더 감수성'이 낮다면 수영이가 가진 외모, 행동을 보고 '남자답네'라는 고정관념을 가지고 남자로 보았을 것이다. 수영이를 남자라고 먼저 생각했다면 여러분은 '젠더 감수성'을 키울 필요가 있다.

젠더란 무엇일까? 젠더는 앞으로 계속 나올 힙한 단어이다. 젠더(Gender)는 섹스(Sex)와 함께 이해하면 쉽다. 나와 함께 젠더 감수성의 의미를 생각해보자.

여행할 때 여권에 나와 있는 '여성, 남성' 표현은 우리말로 성별(sex)이다. 그동안 '섹스=성관계'라고 알던 고정관념에서 벗어나자. 섹스는 다양한 표현으로 쓰이기 때문이다. 반면 '남자는 남자다워야 하고, 여자는 여자다워야지'처럼 사회에서 부여한 역할이 '젠더=성역할'이다.

마지막으로 '감수성'은 사람들이 느끼는 민감하고 예민한 정도이다.

젠더 감수성을 찾는 게임

나와 다른 성에 대해 평가하거나 판단하기 전에, 나를 먼저 살펴보아야 한다. (사실 양성보다 더 다양한 성들이 세상에는 존재한다.) 이것이 현실판 '젠더 감수성'을 찾는 게임이다.

우리는 게임에서 늘 이길 수 없다. 지는 법도 배울 줄 알아야 한다. 그런데 '감수성'이 없는 사람 중에는 지고는 절대 못 사는, 반드시 이겨야 하는 사람들이 있다. 그래서 게임에 지거나 질 것 같은 상황이 되면 오히려 남 탓을 하며 상대를 맹렬하게 비난한다.

이기거나 남보다 높은 위치를 차지하기 위해 다른 사람을 짓밟으며 성장한 사람을 좋아하는 사람은 없다. 이런 사람들은 혼자 게임을 하는 편이 낫다. 결국엔 사람들이 아무도 찾지 않기 때문이다. 하지만 혼자 게임을 해도, 게임에서 이기려면 내가 아닌 누군가와 관계를 맺게 된다.

게임을 그만두지 않는 이상, 관계는 계속 반복되어 타인을 무시하던 나는 계속 혼자가 될 것이다. 오직 이기기 위해 안간힘을 쓰는 사람이 멋있는지, 최선을 다하고 난 뒤에 자신의 패배를 인정하는 사람이 멋있는지 판단은 여러분 몫이다.

나답게 성장하고픈 사춘기, 젠더 감수성을 키우는 성교육이 필요하다

10대에는 10km의 속력으로 산다. 20대에는 20km, 40대는 40km, 70대는 70km…. 시간이 흘러가는 속도는 점점 더 빨라진다. 그래서 상대적으로 사춘기는 시간이 더디게 흘러간다고 생각하기 쉽다. 빨리 어른이 되고 싶거나, 아예 어른이 되고 싶어 하지 않는다. 그래서 물 쓰듯 시간을 마구 흘려보내는 사춘기들을 많이 보았다.

나답게 성장하고 싶다면 사춘기의 성교육은 필수이다. 어린 시절 성교육은 한 사람의 미래를 좌우하기 때문이다. 나다운 성장을 위한 방향과 기준을 만들어갈 수 있다. 성이 뭔지 몰라서 더 알고 싶거나, 제대로 성을 공부하고 싶은 모든 사람이 나답게 성장할 자격이 있다.

특히 성에 대해 부정적이고, 자극적인 내용이 가득한 미디어에 노출된 사람이라면 더욱 필요하다. 수영이도 그중 한 사람이다. 나는 '건강한 성'을 먼저 공부해야 한다고 생각한다. 그래서 성장 노트를 만들었다. 수영이와 함께 감사일기를 하나씩 늘려 가보자. 수영이도 해냈으니 여러분도 할 수 있다.

이제부터 내 몸과 나의 사랑에 대해, 그리고 건강한 성을 위해 실천하는 방법을 구체적으로 공부해 볼 것이다. 현재의 내 모습을 바꾸면 내 미래가 결정된다. 미래를 바꾸고 싶다면 지금부터라도 늦지 않았다. 젠더 감수성을 키우면서 건강한 성교육을 배워보자.

게임 속 젠더 고정관념

성별 문제로 게임을 제대로 즐기지 못하는 유저들이 있다는 사실을 아는가? 알고 있다면 당신은 젠더 감수성이 있는 유저이다.

우리가 좋아하는 게임 속에는 젠더 고정관념이 잘 나타나 있다. 몇몇 게임을 제외하고 게이머는 여자인지 남자인지 알 수 없다. 캐릭터의 외모나 행동, 게이머의 닉네임, 채팅 말투나 목소리를 보고 여자 또는 남자라고 짐작한다. 그렇게 알게 된 게이머에게 '여자 vs 남자'로 편을 가르거나, 혐오를 쏟아붓는 게이머들을 볼 수 있다. 서로 치열하게 욕을 하기도 한다. 게임에 이기기 위해 '남자는 이래서' 끼워주거나, '여자는 저래서' 팀에서 제외한다. 젠더 감수성이 높은 주변 게이머들의 역할이 더 중요하다. 주변에서 '여자가~.', '남자가~.' 이러면 "그냥 게임이나 하세요."라고 이야기할 수 있는 한 사람이면 된다.

게임을 할 때는 게임에만 집중하자. 남을 평가하지 말자.

2 장

나의 몸에 대해
제대로 알기

- 1 -

사춘기, 내 몸이 변했다

너무 걱정하지마, 너답게 성장하는 게 중요한 거야

아침에 알람 10개를 맞춰도 못 일어났던 나였다. 이불 속으로 굼벵이가 기어 나왔다 다시 들어갔다를 반복하던 내가 바뀌었다. 알람을 끄고 다시 침대로 들어가지 않게 된 것이다.

다시 침대에 눕는 대신, 이불을 정리하는 일은 정말 기분 좋은 경험이었다. 뭔가… 내가 하루의 시작을 잘 해내서 오늘 할 일들도 잘 할 수 있을 것 같았다. 무엇보다 성장 노트를 적은 지 작심삼일이 넘었다! 방에서 나가면서 잘 보이게 붙여 둔 성장 확언을 매일 외쳤다.

간절하게 외치면 반드시 이뤄지는 나만의 성장 확언

나는 가치 있는 존재입니다.

나는 꿈을 이뤄냈습니다.

나는 '예전의 나'와 비교합니다.

나는 불평불만 대신에 '감사'를 외칩니다.

나는 나 자신을 끝까지 믿어줍니다.

나는 탓하거나 핑계를 대지 않습니다.

나는 나에게 지지 않고 점점 더 성장합니다.

학교 화장실에서 생리대 파우치를 챙겨서 나오던 선우가 갑자기 돌직구를 날렸다.

"넌 아직 생리 안 해?"

"응? 난 생리 아직 안 하는데?"

당황한 나는 괜히 마음이 불편해졌다. 중3, 대부분이 아이들이 다 하는 생리를 나만 안 하는 기분이란…. 폰을 다 가지고 있는데, 나만 없는 기분과는 매우 달랐다. 폰이 없으면 "난 아직 필요 없어."라고 둘러댈 수 있지만, 이건 '뭔가 내가 정상이 아닌가?'라는 생각 때문에 불안한 마음이 생겼다.

"우아 좋겠다~. 넌 키도 더 클 수 있고, 더울 때 찝찝하지도 않아서…. 나는 3학년 때부터 해서 엄청 스트레스받았어. 내가 화낼 때, 남자애들이 '생리하냐'면서 놀린 적도 있었다니까~. 그나저나 요즘 생리통이 넘 심해서 고민이야."

아하~. 괜히 나 혼자 불안했었나 보다. 오히려 생리를 안 하는 나를 부러워하다니…. 선우가 이어서 말했다.

"야~. 그럼 너 생리대 광고에서 이제야 빨간색 피로 나오는 거 알아?"

"엥? 전에는 무슨 색이었길래 이제야 빨간색 피야? 피가 다 빨간색이지." 나는 어이없다는 표정을 지으며 말했다.

"그러게 말이야, 파란색 피로 나왔던 거 있지? 우리가 괴물도 아니고…."

"헐…. 요즘 영화에서도 피 흘리는 장면 완전 리얼하게 나오는데…. 파란색이라니 웃을 수도 울 수도 없다, 진짜."

생리대 여유가 없는 선우와 함께 보건실에 갔다. 보건샘이 이름을 불러주며 반겨주었다. 오지랖이 넓은 내가 먼저 말을 꺼냈다.

"선생님, 저…. 선우 생리대가 없대요."

"응? 수영이가 필요한 거야? 아니면 선우? 필요한 사람이 말하는 게 더 좋겠지~?"

"전…. 아직 생리 시작도 안 했어요." 시무룩해진 나는 대답했다.

"아직 초경 전이구나. 그럼 생리 시작할 때 샘한테 말해, 축하해줄게!"

"그게 축하할 일이에요? 생리하는 애들은 엄청나게 싫어하던데."

"(웃으며) 정말 축하할 일이지~. 성숙해진다는 증거니까^^ 선우야, 생리통은 심하니?"

선우가 말하려는데 갑자기 남자애들이 들어왔다. 선우는 아무 말 없이 남자애들이 처치를 받고 나가기만을 기다렸다. 대신에 증상과 처치를 적는 종이에 '복통'과 '패드'를 적었다. 선우가 적은 것을 보고 씽긋 웃으며 보건샘이 말했다.

"선우야, 남자애들 있어서 말 못 한 거야? 생리는 정상적인 거야. 편하게 얘기해도 돼~. 그걸 이상하게 생각하는 사람들이 진짜 이상한 거야. 몸과 마음에 변화가 생기면 부끄럽게 생각하거나 숨기는 대신에 자연스러운 것으로 생각하면 좋아. 다른 고민이나 궁금한 게 생기면 샘한테 와도 되고, 네가 편한 사람한테 마음을 열어줘~. 네가 먼저 마음의 문을 열면 그 틈으로 좋은 사람들이 들어 올 거야."

서랍에서 생리대를 꺼내준 뒤, 화장실에 간 선우를 기다리는 날 보며 보건샘이 말했다.

"너는 이차 성징 시작했어?"
"이차 성징이 뭐예요?" 나는 물었다.
"사춘기가 되면서 호르몬 작용으로 변화되는 거야. 몸 뿐만 아니라 마음, 정신도 더 성숙해지지. 체중도 늘고, 유방도 변하고 털도 많아져.

생리하거나 몽정도 하고 말이야~. 몸도, 감정도, 생각도 진짜 어른이 되어가는 거지." 친절하게 웃으며 설명해주는 보건샘이었다.

"아! 키는 지난주보다 1cm 컸어요. 가슴은 6학년 때부터 나왔구요."
"키 1cm나 컸구나! 보통 가슴 발달이 시작된 뒤에 4년 정도 지나도 초경이 없으면 사춘기가 지연되었다고 보거든. 그렇지만 사람마다 성장하는 속도는 다 달라. 일단 수영이가 생활하는 데 지장이 없으면, 잘 지켜보면 좋겠다. 부모님이랑 상의해봐도 좋겠는데?"

순간 엄마랑 이야기하는 모습을 상상했다. 괜히 말해서 욕 얻어먹지 말고, 그냥 말을 안 하는 게 속이 편할 것 같다. 나는 솔직하게 보건샘에게 털어놓았다.

"엄마랑은 말이 안 통해요."
"말하기 어려우면 샘이 도와줄게. 수영아, 여기 좀 볼래? 이 다육이들도 같은 종류이거든. 그렇지만 각자 성장하는 속도가 달라. 그것처럼 수영이도 속도가 좀 다른 것뿐이니까 너무 걱정하지마. 너답게 성장하는 게 중요한 거야."
"나답게 성장한다는 게 뭔지 모르겠어요."
"당연히 모를 수 있어~. 미리 알아버리면 재미없잖아? 게임이라고 생각해, 너를 찾는 게임."

종이 치자, 보건실에서 나와 교실로 갔다. 요즘 생각이 많아져서 그런가. 보건샘이 한 말이 자꾸 생각이 났다. 그리고 책 모퉁이에다 낙서했다.

'나를 찾는 게임, 이건 게임이다. 나답게 자란다. 나답게 성장한다.'

요즘 스포츠클럽 축구 시합이 있었다. 연습하는 시간이 많아졌다. 몸은 지쳤지만 재미있었다. 이젠 자기 전에 감사일기를 쓴다. 하나씩 쓰다가 이젠 두 개로 늘어났다.

오늘의 감사일기

어제보다 키도, 마음도 조금 더 성장해서 감사합니다.
초경은 늦지만, 그럼에도 내 몸의 변화에 대해 알게 되어 감사합니다.

아직 감사 세 개는 무리다. 조금씩 늘려가자고 생각하면서 노트를 덮었다. 내 방 앞을 지나가던 엄마가 날 보며 말했다.

"오~~~. 한수영 웬일이냐? 요즘 책상에 앉아 있네?"
"엄마는 칭찬해주고 싶으면 받는 사람 기분 좋게 '우리 딸 최고!'라고 해줄래?ㅋㅋ"
"칭찬해줘도 뭐래? 잠이나 자세요~. 최고 딸내미." 엄마는 웃으면서 이야기했다.

이런 기분도 오랜만이다. 책상에 앉아 있을 때 엄마가 지나가서 다행이다. 간만에 엄마한테 칭찬을 들어서 기분이 좋다. 아하~! 이것도 감사합니다!

- 2 -

내 몸을 제대로 관찰해야 하는 이유

우리 몸에 대해 제대로 알고 있는 건 전혀 창피한 게 아니에요

아침 독서 시간, 학급문고에서 책 하나를 들고 온 선우가 나에게 갑자기 책을 들이밀었다.

"수영아~. 이것 좀 봐봐. ㅋㅋㅋ 완전 대박."
"응 뭔데? 오호…. 야, 이거 뭐야ㅋㅋㅋ"

제인 폰다의 『돌직구 성교육』이라는 책이었다. 나는 그림을 보고 적잖이 놀랐는데, 여자와 남자가 실제로 성관계하는 그림도 있었다. 이렇게 적나라하다니 대박이었다. 그림 몇 개를 더 보았을 뿐인데 우리 둘 모두 얼굴이 점점 변하더니 귀까지 빨개졌다.

　오늘 1교시는 보건 교육 시간이다. 보건샘은 '성' 하면 떠오르는 단어를 포스트잇에 키워드로 적어보라고 하셨다. 킥킥거리며 웃는 아이들 목소리가 들렸다. 적힌 포스트잇이 하나, 둘 칠판에 붙여졌다. '생리', '몽정', '섹스', '발기', '성별', '연애', '털', '야동', '성폭력', '낙태', '스킨십', '노브라.'

　보건샘은 단어들을 밝은 성, 어두운 성으로 나눠서 분류해보자 하시며, "분류해볼 학생 있나요?"라고 하셨다. 그때, 우리 반 성교육 에이스 '그 녀석'이 손을 들었다. 이 시간에는 절대 안 잔다. 당당하게 나간 그 녀석은 몇 개를 남겨둔 채 머리를 긁적이며 다시 들어왔다.

　– 밝은 성 : '스킨십', '생리', '몽정', '연애', '성별', '외모'
　– 어두운 성 : '야동', '성폭력', '낙태'
　그리고 남겨진 '섹스', '발기', '털', '노브라'

　보건샘은 그 녀석도 당황한 '섹스', '발기', '털', '노브라' 단어들을 밝은 성에 놓을지, 어두운 성에 놓을지 우리에게도 물어보셨다. 다들 선뜻 이야기 못 했다. 몇 초의 침묵이 흘렀다. 선생님은 '왜 구분하기 어려운 걸까?'라며 다시 물어보셨다. 그 녀석 친구들은 '좀 거시기 하잖아요~.'라며 킥킥대며 웃었다. 책을 좋아하는 우리 반 1등이 손을 들어 말했다.

"책에서도 다루지 않았고, 말할 때도 좀 감추어야 할 것 같은 느낌이 들어요."

다른 학생들의 이야기를 좀 더 듣고 나서 보건샘이 말했다.

"우리 3학년 1반은 밝은 성이 더 많아서 다행이에요. 하지만 너무 밝은 성만 가지고 있어도 문제가 생길 수 있어요. 너무 어두운 성만 가지고 있어도 문제가 될 수 있죠. 그럼 건강한 성은 어느 쪽일까요?"

"그럼, 반반?" 그 녀석이 말하고 웃는다. 이젠 웃는 것만 봐도 재수 없다. 보건샘이 이어서 말씀하셨다.

"섹스, 발기, 털, 노브라는 정상인 '사람'이라면 누구나 생각하고, 누구나 가질 수 있고, 누구나 가지고 있는 것인데도 부끄러워하거나, 말하기 어려워하거나, 감춰야 할 것으로 생각하는 것 같아요. 맞나요? 그래서 오늘은 밝은 성과 어두운 성 중간 관점으로 '신체적인 성'인 생식기에 대해서 배울게요. '거시기'가 아닌 정확한 명칭을 배워봅시다. 특히 오늘은 남녀의 생식기를 모두 알아볼게요. 서로 힐끗거리거나 킥킥대며 웃는 행동도 누군가에는 불쾌하게 느껴질 수 있으니 주의해주었으면 합니다."

보건샘은 칠판에 뭔가를 적기 시작했다. 남자 생식기는 ( ), 여자 생식기는 ( )으로 빈칸을 남겨주셨다. 시끄럽던 아이들까지 조용해지면서 갑자기 분위기가 싸해졌다. 애들이 아무 말도 하지 않고 멀뚱멀뚱 칠판만 보고 있었다. 우리의 반응을 보고 '안되겠다'라고 생각하셨는지, 초성 힌트를 주셨다. 남자 생식기 명칭은 (ㅇㄱ), 여자 생식기 명칭은 (ㅇㅅ)이다. 그때 내가 손을 들어 발표했다.

"음경이요."

뒤에서 애들이 수군거렸다. '이야~. 너 많이 안다?', '여자애가 별걸 다 아네.', '쟨 역시 남자였어.' 내 대답 한마디에 웅성거리는 아이들을 보며, 선생님이 말씀하셨다.

"여러분, 우리 몸에 대해 부끄럽게 생각하고 말을 못 하는 게 창피한 걸까요? 아니면 제대로 된 명칭으로 발표한 사람을 놀리는 게 창피한 걸까요? 오늘 배우는 건 손, 발처럼 우리 몸에 붙여진 이름이에요. 수영이가 정상적인 우리 몸의 명칭을 잘 이야기해줬어요. 그런데 여러분이 계속 수군거리는 걸 보니 여자가 성에 대해 많이 알고 있으면 '그런 것도 알아?', '여자애가 별걸 다 말하네.', '밝힌다.'라는 거니까 '알면서도 모르는 척해야 한다.'라고 생각하는 것 같은데 샘 느낌이 맞나요? 우리 몸에 대해 제대로 알고 있는 건 전혀 창피한 게 아니에요. 그걸 가지고 뒤에서 뭐라 하는 게 더 창피하다고 생각해요."

선생님 이야기를 들으니, 내가 괜한 걱정을 했나 보다. 내가 창피할 게 아니었다. 뒤에서 수군대는 애들이 창피해할 일이었다.

선생님이 이어서 말씀하셨다.

"그럼 여성의 생식기는 뭐라고 표현할까요?"

선우가 아까 보았던 책을 찾고 있었다. 아까 보았던 게 생각났다. 나는 손을 들어 말했다.

"책에서 봤어요! 음순이요."

"수영이가 정확하게 말해줬어요. 우리가 책에서도 생식기를 볼 수 있지만, 자신의 생식기는 실제로도 볼 수 있어요. 실제로 본 사람 있나요?"

이럴 때 빠지지 않는 그 녀석이 비스듬하게 책상에 기대서 한쪽 손을 쭉 뻗었다.

"남자들은 성기 매일 보는데요."

"남자들은 자주 성기를 관찰할 기회가 상대적으로 많죠. 하지만 자주 보지 않거나 관심이 없는 학생도 있어요. 매우 다양합니다."

"남자애들은 화장실이나 수영장 갈 때도 보고, 불알친구예요. ㅋㅋㅋ"

미간에 주름이 잡힌 선생님께서 우리 반 전체를 쳐다보며 말했다.

"성교육 시간에 가장 중요한 건 장난처럼 성을 대하지 않는 거예요. 좀더 진지하게 내 몸을 살펴볼 시간을 갖도록 해요. 우선 생식기를 관찰하는 건 내 몸을 건강하게 관리하기 위한 것이에요. 예를 들면 우리가 화분 키울 때를 생각해봐요. 나무가 매일 어떻게 성장하는지 살펴봐야 해요.

그래야 나무가 병이 생기면 빨리 발견할 수 있어요. 잎 색깔이 변색되거나 줄기가 휘거나 하는 작은 신호들은 자주 관찰하고 관심 있게 지켜봐야 빠르게 대처할 수 있어요. 뿌리가 완전히 썩어 버릴 때까지 놔두면 다시는 나무를 살릴 수 없는 것과 같아요. 흔히 남자들은 성기 '크기'를 비교하게 되는 경우가 있는데. 그건 다음 시간에 좀 더 살펴볼 거예요."

여학생 한 명 한 명과 눈을 맞추며 보건샘은 말을 이었다.

"상대적으로 여학생들은 생식기를 살펴볼 기회가 적을 수 있어요. 그렇다고 내 몸을 관찰할 기회를 뺏기지는 마세요. 몸의 어느 부위든 관찰하는 게 중요해요. 실제로 생식기를 거울을 이용해서 보는 방법도 있어요. 모두가 다 다르다는 건 매우 중요해요. 몸도 그렇지만 아직 성에 관해 관심을 두는 것도 다 다르죠. 샘이 추천해줄 영상들도 자신에게 맞게 볼 수 있어야 해요. 그리고 궁금하거나 이야기하고 싶은 게 있으면 언제든지 찾아오도록 해요."

내 몸, 내 생식기를 관찰하는 것은 내가 잘 성장하는지 살펴보는 거라는 걸 새삼 느끼게 되었다. 특히 수업하면서 평소와는 다른 느낌을 받았다. 생식기에 대해 말하기 쑥스러워하는 여학생을 배려하기 위해 남성 생식기에 대해 먼저 다루셨다. 여학생들이 장난없이 진지하게 수업하는 것을 보고, 남학생들도 좀 더 진지하게 수업에 임했다. 여자와 남자가 서로 다른 것은 '차별'의 시작이 아니라 '존중'의 출발이었다.

"내 몸을 잘 관찰한다는 것은 내 몸을 소중하게 생각한다는 것이에요. 그래서 생식기만 특별한 곳, 소중한 곳이라고 부르는 게 아니라 모든 내 몸이 소중한 거죠. 그리고 가장 기본적인 관리 방법을 잘 실천해봅시다."

(생식기 관리 방법에 대해 자세히 알고 싶다면 5장 2챕터를 주의 깊게 읽어보세요!)

그나저나 '오늘 배운 걸 실천해볼까?'를 생각하며 생식기를 관찰하는 내 모습을 상상했다. 그 상상에 빠진 내가 어색하고 민망했다. 일단 유튜브에서는 뭐라고 설명하는지 궁금해서 생식기에 대해 다룬 성교육 영상을 좀 더 찾아보았다. 보건샘이 추천해 준 〈성교육 TV〉 영상이랑 〈시크릿가족〉 웹툰엔 내가 몰랐던 내용도 많이 있었다.

오늘의 감사일기

내 몸에 대해 알게 되어 감사합니다.
내 생식기에 대해 관찰할 수 있다는 사실을 알게 되어 감사합니다.
웹툰으로 생식기에 대해 배울 수 있어서 감사합니다.

오호! 작은 감사도 쪼개서 쓰니 감사일기가 재미있고 좀 더 편하게 쓸 수 있었다. 나무님 말대로 '감사는 찾는 것'이다.

- 3 -

나는 예쁘지 않습니다

내가 아름답다고 생각하는 것들을 좀 더 가꾸면 되는 것이었다. 다른 사람이 아닌 내 내면을 말이다

요즘 틈만 나면 '고마워.'라는 말이 입에 뱄다. 상냥하게 말하지 못했지만(근데, 꼭 상냥해야 할 필요가 있을까?) 내가 '고마워.'라고 이야기하면 듣는 애들도 좋아했다. 선생님들도 요즘 인사도 잘하고 예의도 바르다며 칭찬해주셨다. (헤헷)

"수영아, 나 바뀐 거 없어? 이거 나랑 ㅈㄴ 잘 어울리지?"

선우는 새로 산 틴트를 자랑하며 말했다. 거울과 한 몸인 선우는 화장을 잘한다. 학교 선생님들 화장을 해줄 정도로 능력자이다.

선우는 뷰티 크리에이터가 꿈이다. 그리고 외모에 관심이 많아서 분명 정상 체중인데도 다이어트를 해야 한다고 말한다. 그러면서 우리는 치킨을 엄청~~. 사랑한다.

반면에 나는 편한 게 좋다. 불편한 건 딱 질색이다. 교복 치마를 사자고 하는 엄마를 설득해서 바지를 하나 더 샀다. 내 맘대로 자른 커트 머리도 맘에 안 들어서 "꼴도 보기 싫다."라고 며칠 동안 잔소리한 엄마였다. 바지가 여러 벌이면 갈아입기도 편하고, 머리가 짧으면 빨리 마르니 너무 좋은데, 엄마는 여자답게 치마도 입고 다니라고 뭐라 한다. 치마 입으면 다리 쫙 벌리고 앉는다고 뭐라 할 거면서…. 여름에 가끔 선크림을 바를 때가 있는데, '달걀귀신'이라고 놀리던 선우는 그때마다 무심하게 펴 발라 준다.

"수영아, 이 유튜브 영상 봤어? 뷰티 크리에이터인데, 봐봐 ㅈㄴ 못생겼어."
"응? (말 잇 못) 아…."

순간, 말을 잇지 못했다. 유튜버 배리나의 〈나는 예쁘지 않습니다〉 영상이었다. 3분 정도의 시간 동안 나는 아무 말도 하지 못했다. 대신에 여러 가지 생각이 들었다. 우선 이런 영상을 올릴 수 있다는 게 '용기 있다.'라고 생각했다. 나라면 욕먹을까 봐 무서워 절대 올리지 못했을 거다. 그리고 배리나를 욕하는 사람이 많다는 사실에 놀랐다.

그중에서 무엇보다 놀랐던 사실은 나 때문이었다. 내가 선우 이야기를 듣고 나도 모르게 "응. 못생겼어."라고 이야기가 나올 뻔했다. '내가 뭐라고 남을 평가할 자격이 되나?'라는 생각이 들었다. 동시에 스쳐 지나간 아침 확언 덕분에 입 밖으로는 튀어나오지 않았다.

'나는 예전의 나하고만 비교합니다.' 그래, '나'랑만 비교하자. 누가 누굴 비교해….

"자~. 이번 시간은 토론 수업을 하겠습니다."

오늘의 토론 주제는 '학교에서 청소년 화장을 허용해야 할까?'였다. 찬반을 나눠 대표 3명이 토론자로 정해졌다. 나는 귀찮아서 화장을 안 하는 편이 좋아 반대였는데…. 어찌하다 보니 선우와 함께 '찬성 대표'가 되어 있었다. 우리 팀은 짧은 시간이지만 근거를 찾고 토론 준비를 했다. 가장 먼저 내가 발표를 했다.

"화장은 개인 취향입니다. 요즘은 남자, 여자 구분 없이 화장합니다. 남자 뷰티 유튜버들도 많이 생기고, 아이돌을 보면 모두 화장을 합니다. 이렇듯 개인의 자유입니다. 화장해서 개인이 행복하다면 누구나 그 행복을 누릴 권리가 있고, 특히 학생들도 권리를 누릴 수 있어야 합니다. 더군다나 타인에게 피해를 주는 것이 아니므로 존중해줘야 한다고 생각합니다."

와~. 청중석에서 환호가 터져 나왔다. 심판단에서 글을 쓰는 소리가 분주한 걸 보니 기분이 좋았다. 반대편의 발언이 이어졌다.

"물론 개인의 취향을 존중해야 합니다. 하지만 청소년 시기부터 화장을 통해 외모에 신경 쓰면서 행복을 누린 사람은 외적인 아름다움에 내면의 아름다움이 가려진다고 생각합니다. 그것은 또 다른 불행입니다. 외모 말고 다른 아름다움이 있다는 것을 경험해야 합니다. 아름다움의 기준은 따뜻한 마음, 배려하고 책임감 있는 행동 등 내면에서 나옵니다. 우리는 오히려 이것을 배울 기회를 학교에서 받아야 한다고 생각합니다."

우아~. 인정. 나도 모르게 박수를 칠 뻔했다. 반대팀은 공부 잘하는 녀석들이 많아 말도 잘한다. 우리도 질 수는 없었다. 선우가 말했다.

"화장하면 자신감이 올라갑니다. 못생긴 친구들은 평소 다른 친구들과 사귀기 어려워합니다. 자신감이 떨어져 있기 때문입니다. 외모가 못생겼다고 자신을 비하하는 사람들은 화장으로 자기 콤플렉스를 극복한다면 더 자신감이 올라갑니다. 그러면 친구들과 관계도 좋아질 것입니다. 그리고 화장을 잘하는 건 능력입니다. 외모는 능력이고 스펙입니다. 얼굴 천재들은 뭘 해도 좋아 보입니다. 모델이나 가수들도 외모가 뒷받침되면 더 잘 되는 걸 볼 수 있습니다. 따라서 외모를 가꾸기 위해 화장을 하겠다는 것은 '자기 관리, 자기 계발' 하는 것입니다."

우리 팀의 열정적인 발표에 청중석에 많은 학생이 귀를 기울여 듣고 있었다. 기왕 하는 거 이기고 싶다. 우리 이야기를 듣고 반대편에 있던 토론왕이 발언했다.

"자기 관리 하는 것은 매우 좋은 현상입니다. 하지만 화장은 자기 관리 하는 '도구'일 뿐입니다. 하나의 '방법'일 뿐이고, '수단'일 뿐입니다. 인간의 욕심은 끝이 없습니다. 따라서 한번 화장을 시작하면 자신의 콤플렉스는 다른 부분에서 다시 생겨납니다. 그래서 방학을 이용해 성형수술을 하고 나타나는 학생들을 어렵지 않게 보게 됩니다. 자기 관리 하는 화장이든 수술이든 이것들을 통해 완벽한 아름다움을 만들 수는 없습니다. 오히려 외모에 대한 집착으로 결국에는 마음의 상처를 입거나 여러 가지 부작용들을 경험할 수도 있습니다. 우리는 아직 성장하고 있습니다. 피부도 예민합니다. 청소년을 타겟으로 한 화장품 업체의 마케팅 전략으로 저품질의 중금속이 들어간 화장품을 사용하기도 하고, 유튜버의 말만 믿고 고가의 화장품을 구매하기도 합니다. 어떤 부작용이 생길지도 모르는데 제대로 된 정보도 없이 청소년이 화장하는 것은 주의해야 합니다."

순식간에 한 시간이 지나갔다. 열띤 토론이었다. 시간 때문에 어쩔 수 없이 마무리한 선생님은 다 같이 생각해보라며 칠판에 논제를 적기 시작했다.

'왜 우리는 다른 사람의 외모를 평가할까?' 판서 후에 보건샘은 말했다.

"여러분에게 화장을 '무조건, 하지 말라'는 말은 안 할게요. 대신에 올바른 화장품을 사용했으면 좋겠어요. 특히 클렌징을 신경 써서 잘해야 해요."

현실적인 조언이었다. 토론하며 '외모로 남을 평가하는 것'은 아무 소용없다는 것을 느꼈다. 내가 아름답다고 생각하는 것들을 좀 더 가꾸면 되는 것이었다. 다른 사람이 아닌 내 내면을 말이다. 학교를 마치고 선우가 풀 메이크업을 해주었다. 내가 아닌 다른 사람이 되었다. 애들이 예쁘다고 해주어서 지우지 않고 집에 갔다. '이래서 꾸미면 기분 전환되는 거구나.' 색다른 느낌이었다. 풀 메이크업을 한 나를 보고 엄마는 깜짝 놀라며 화를 냈다.

"꼴이 그게 뭐야! 학생다워야지 무슨 화장이야!? 너 드디어 미쳤어? 하라는 공부는 안 하고 너 무슨 짓 하면서 돌아다니는 거야? 내가 너희들 먹여 살리려고 이렇게 사는 거 안 보여?"

짙은 화장을 한 나를 보고 이젠 안 하던 짓까지 한다며 엄마가 폭발했다. 엄마는 계속 자기 말을 곱씹더니, 분을 못 이겨 물건을 던졌다. 결국, 온 체중을 실어 식탁까지 내리쳤다. 유리가 깨지고 엄마 손에 피가 보였다. 깨진 유리 조각을 잡은 엄마 손이 떨렸다. 순간 무서웠다. 일단 도망가야겠다는 생각이 본능처럼 들었다. 뒤도 돌아보지 않고 집을 뛰쳐나왔다.

'아…. 맞다 ㅠㅠ 노트가 집에 있는데…. 어떻게 하지…. 다시 돌아갈까?'

이제야 꾸준히 쓰기 시작했는데…. 망했다. 66일 약속이 다시 원상 복귀…. 안 좋은 일은 한꺼번에 온다. 짜증난다. 되는 일이 없다. 그냥 내 인생 좀 내 마음대로 할 수 있게 내버려 두었으면 좋겠다. 이렇게 안 좋은 상황에서는 어떻게 하라는 말인지….

'나무님이라면 어떻게 했을까?'라는 생각이 스쳤다. 우선 심호흡을 크게 했다. 처음엔 한숨만 나왔다. 억지로 '감사합니다'를 열 번 외쳤다. 겨우 외쳤다. '감사할 게 없는데?'라고 생각하다가 선우가 떠올랐다. '선우네 집에 갈 수 있어서 감사합니다.'라고 겨우 하나 생각했다.

사춘기, 시선의 감옥에 갇히다

걱정은 좀 덜하고 실수는 좀 더 해보자

유리로 만든 감옥이 있다. 투명해서 주변 사람들은 내가 무엇을 하는지 볼 수 있다. 시선의 감옥에 갇혀 일거수일투족 감시받는 기분. 여러분은 자신도 모르는 사이에 이 안에 갇혀 있지는 않는가? 아니면 시선과는 전혀 상관없이 자유롭게 원하는 삶을 살고 있는가. 아래 3가지 시선의 감옥에 대해 알면 갇혔을 때 빨리 벗어날 힘도 생길 것이다.

첫 번째 시선의 감옥, '19금'
'어린 것이 뭘 알아?'라는 말을 해서 행동하기 힘들게 막는 유리문. '19금' 감옥에 갇힌 10대는 자꾸 문에 부딪힌다. 이미 볼 건 다 봤는데,

성인의 영역으로 넘어갈 수 없다. 10대는 술, 담배, 게임은 물론 영화, 잡지, 광고, 심지어 포털 검색을 할 때도 미디어 콘텐츠의 내용을 규제받는다. 유튜브, 페이스북과 같은 매체에서도 이런 규제를 통해 사진, 영상 등이 검열되기도 한다. 성과 관련된 단어가 들어가면 무조건 성인 인증을 요구하는 인터넷 환경상 제대로 된 성 지식이나 정보를 찾기 어렵다.

모든 정보를 찾아 검색하고 배울 수 있는 세상에 살고 있다. 하지만 '성'에 대한 지식과 정보는, 제대로 된 정보는 알기 힘들다. 유튜브의 성교육을 다루는 몇몇 콘텐츠에서 생식기에 대해 다룰 때, 유해 매체가 되어 필터링이 되거나 접근을 하지 못하는 경우가 생기는 것이다. 10대는 '성적 자기 결정권'이 있음에도 불구하고 이 권리를 행사하는 데 필요한 정보에는 접근할 기회조차 누리기 어렵다. 반면에 디지털 성범죄의 온상이 되는 '채팅앱'에서는 성인 인증을 요구하지 않는다. 그리고 성관계를 시작한 소수의 10대들은 콘돔이나 피임약을 자유롭게 사지도 못하고 시선의 벽에 먼저 부딪힌다.

'공부나 해! 어리니까 몰라도 돼.', '크면 다 알게 돼.', '성에 대해 너무 알면 안 돼.'라고 말하는 어른들은 정보를 '제대로' 알려주지 않는다. 하지만 우리는 알고 있다. 어설프게 아는 사람들이 더 위험하다. 자극적이고 선정적인 세상은 유리 너머 계속 보이지만 제대로 된 정보를 얻기 힘든 아이러니 속에서 10대들은 오늘도 유튜브를 튼다.

'19금' 감옥에 갇힌 10대를 꺼낼 방법이 있다. 주변 환경을 안전하게 만드는 것이다. 그동안 방관자처럼 지켜보고 있었다면 이렇게 해보자. 사춘기 아이들과 함께 대화를 나누고, 제대로 된 정보를 알려줘야 한다. 어른이 먼저 유리문을 열고 들어가 아이들에게 말을 건네야 한다.

두 번째 시선의 감옥, '잘난'

나는 왜 잘 보이고 싶을까? '잘난' 감옥에 갇힌 사춘기는 매일 거울을 본다. '잘'생기고 '잘' 보이고 싶다. 다른 사람을 볼 때 외모와 몸매를 먼저 따진다. 남에게 더 예뻐 보이고 싶어서 화장하거나 성형을 한다. '잘'나간다고 남에게 보이고 싶다. 그래서 나는 공부를 '잘'해야 한다, '좋은' 학교에 가야 한다, '좋은' 직장에 가서 '잘' 벌어야 한다고 생각한다. 어른들의 말을 자기 것으로 하고 행동한다.

여러 인간관계에서도 '잘' 사귀는 사람이 좋아 보인다. 인기가 좀 더 많았으면 좋겠고, '인싸'가 되고 싶어 한다. 잘난 사람은 외향적이어야만 하는 것처럼 생각한다. '잘'이라는 시선의 감옥은 쇼윈도의 마네킹처럼 보이는 삶이다. 사람이 아니라 마네킹이 되어간다.

내가 정말 잘나지도 못하다고 느끼면 다른 방법을 찾기도 한다. '잘난' 사람을 친구로 두거나, '잘난' 사람과 사귀거나, '잘' 나가는 명품이나 브랜드로 자신을 꾸민다. '못'나고, '못'생기고, '못' 버는, 공부를 '못'하는 사람으로 자신을 인식한다. 이 감옥에 갇힌 사람들은 더욱 타인을 무시하거나 반대로 무시당하기 쉽다.

'못생기고, 뚱뚱하다.'라고 타인을 무시하는 사람들을 주변에서 볼 수 있다. 이런 말을 하는 사람은 자신을 더욱 깊은 고정관념의 감옥에 가둔다. 말과 행동은 자기 자신에게 돌아오는 것이 우주의 법칙이기 때문이다. 타인을 무시하는 사람은 다른 누군가에게 다시 무시당하게 된다.

친구들이나 다른 사람 말에 신경을 안 쓴다고 생각했던 사람도 자신도 모르게 익숙해지기도 한다. '길들여진' 것이다. 그리고 그렇게 그들이 원하는 대로 살고 싶어졌다. 왠지 그래야만 할 것 같다.

이런 '잘' 보이기 위한 행동들은 자존감이 높은 사람의 행동과는 다르다. '나는 내 꿈을 위해 공부를 잘하려 노력하고, 잘 배우고 싶고, 좋은 친구를 만드는 것'과는 다르다는 것이다. 자존감을 높이는 것은 시선의 감옥에서 탈출하는 가장 빠른 방법이다. 현재의 나를 인정하고, 좀 더 나아지기 위해 행동하는 것이다. 그것이면 충분하다. '내일부터 해야지.'라는 생각보다 '오늘만 해보자.'라고 마음먹고 작은 행동부터 시작해보자.

세 번째 시선의 감옥, '내 맘대로'
'잘난' 감옥은 타인의 시선이 나를 가두었다면, 이 '내 맘대로' 감옥은 스스로 나를 가둔다. '내 맘대로' 감옥에 갇힌 사춘기는 '내 맘대로' 하는 것이 좋다.

즉 나는 주인이 되지 못하고 '마음'이 내 주인이 된다. 마음이 주인이 되면 내가 마음먹은 대로 내 인생이 끌려간다. 흔히 말하듯 '막' 사는 인생이 된다. 먹고 싶다는 '마음'이 들면 먹고, 지금 당장 공부하기 싫은 '마음'이 들면 놀고, 내 '마음'이 시키는 대로 움직인다.

'잘난' 감옥과 다른 점은 다른 사람에게 보이는 것을 중요하게 생각하기보다, 내 '마음'에만 기준을 둔다는 것이다. 이 기준은 '자기 멋대로 판단'해버리는 것이 가장 큰 문제이다. 마음에 끌려다니는 인생은, 조절하는 힘이 없다. 브레이크 없는 자동차와 같다. 자기 자신만을 보기 때문에 다른 사람은 안중에도 없다.

피임하지 않는 사춘기 커플 중에서 남성이 하는 말을 들어보자. '오빠 믿지?', '질외사정하면 돼.', '나는 콘돔 해본 적 없어.'라고 말하는 경우를 쉽게 접할 수 있다. 상대방을 배려하고 존중하는 생각 따위는 없다. '내가 불편하니까, 내가 싫으니까, 나는 조절할 수 있다.'라고 착각하는 사람들이다.

최근에는 몰래 불법 촬영을 해서 '나만 간직한다.'라고 했던 사람이, 헤어지자는 상대방의 말에 '네가 감히 나를 차?'라며, 돌변하여 보복성 성범죄를 일으키는 현상을 보면, 이 시선의 감옥은 내 가장 가까운 사람에게 비수를 꽂는 일들을 일으키는 무서움을 가지고 있다.

"부모님에게서 자유로워지고 싶다."라고 이야기하는 사춘기는 '의존하는 마음'을 동시에 가지고 있는 경우가 많다. 부모님께 의존하면 돈을 받을 수 있기 때문이다. 그러면서도 자기 멋대로의 기준을 갖다 대고 싶으니까 억압하는 방해물(학교 규칙, 부모님의 기대)을 치워버리고 싶어 한다.

그래도 '마음'의 감옥에 갇힌 사람은 다른 사람보다 더 쉽게 탈출할 가능성이 있다. 그것도 아주 정당한 방법으로 말이다. 자신의 마음, 감정을 알고 있다는 것은 매우 중요하다. 여기서부터 모든 것은 시작되기 때문이다. 내 마음을 '조절'하는 힘이 생기면 이 감옥에서 조금씩 자유로워지는 나를 발견할 수 있다. 그래서 성장 노트가 중요하다. 내 감정을 살펴보는 기회를 만들어주기 때문이다.

여러분은 어떤 시선의 감옥에 살고 있는가? 아니면 시선의 감옥에서 탈출하려고 안간힘을 쓰고 있는가? 만약 이 글을 읽는 여러분이 어른이라면(아직 '어른이=어른+어린이'일지라도) 첫 번째 감옥에서 사춘기와 함께 대화해주었으면 한다. 이야기하며 좀 더 안전한 환경과 제대로 된 정보를 알려주는 것이다. 이미 책을 통해 성을 공부하겠다고 마음먹었다면 여러분은 충분히 자격이 있다.

만약 여러분이 사춘기라면 '걱정은 좀 덜하고 실수는 좀 더 해보자.' 남의 시선을 의식해 미리 겁먹고 걱정하는 것은 줄이고 우선 부딪혀보라. 그러면서 실패도 하고, 실수도 많이 해보아라.

그러면 내 맘대로 흘러가는 인생이 아닌 내가 주체적으로 조절하는 방법을 알게 될 것이다. 균형 감각이 생기고, 나도 모르는 사이에 시선의 감옥에서 벗어나게 된다.

　　시선의 감옥에 벗어나는 일은 쉽지 않다. 벗어나려면 벗어날수록 여러분을 더 옥죄어 올 수도 있다. 하지만 내가 자존감을 키우고, 나 스스로 조절하는 균형 감각을 키운다면 여러분은 시선을 느낄 수는 있어도 감옥에 갇히지는 않을 것이다.

나는 노브라 등교를 원한다

노브라를 불편하게 바라보는 '시선'이 더 문제였다

성장 노트를 다시 쓰기 시작했다. 확언을 외치고 아침밥 대신 바나나 하나를 들고나오는데 식탁이 보였다. 주먹으로 힘껏 내리친 상 한가운데는 테이프가 덕지덕지 붙어 있었다. 지울 수 없는 자국. 마치 내 마음의 상처와 닮았다.

나는 숨을 크게 쉬었다.

'엄마가 힘이 센 걸 보니 아직 건강하네. 이 또한 감사합니다.'

등굣길 핫 이슈는 여자 연예인 'ㅇㅇ의 노브라'였다. 선우가 말했다.

"브라 안 하고 학교 오고 싶다. ㅈㄴ 멋지지 않냐? 꽉 조이는 답답함에서 벗어난 해방감! 근데 ㅅㅂ 내 바스트가 ㅈㄴ커서 티 날 것 같긴 하지? 그냥 우리도 낼 노브라하고 올까?"

"노브라? 편하긴 진짜 편하지. 소화도 잘되고, 땀도 안 차고, 엎드려서 잠도 편하게 잘 수 있으니까. 쟤는 시선 강간이 겁나지도 않나 봐. 그나저나 선우 너 욕 줄이기로 한 거…."

머쓱한 듯 말을 가로채며 선우가 말했다.

"말버릇 고치기가 쉽냐? 그래도 우리 반 애들 욕 ㅈㄴ… 아니 완전 많이 줄었어~. ㅎㅎㅎ"

"이젠 욕하는 거 들으면 내가 기분이 안 좋아서 그래. 안 좋은지 알면 너부터 줄여봐."

선우랑 이야기하면서 노브라로 등교를 하는 상상을 했다. 근데…. 엄청 신경이 쓰였다. 막상 하라고 하면 내가 할 수 있을까? 남들 시선이 엄청나게 부담스러울 것 같다. 편하니깐 하고 싶기도 하고….

다음 날, 드디어 사건이 터졌다.

"너 어제 했던 이야기 진짜였어? 야~. 이렇게 하고 학교 갈 거야?"

"네가 그렇게 얘기하면 섭섭하지. 내가 학칙 찾아봤는데 '브라' 얘기는 없었어ㅋㅋ 우리 학생들도 '인권'이 있다구!"

당당히 등교한 선우는 선생님들의 초특급 경호를 받으며 상담실로 가게 되었다. '학생 인권'을 주장하는 선우를 어찌해야 할지 모르는 분위기였다. 당황한 선생님들은 긴급회의를 했다. 결국 '신체가 도드라져서 친구들을 산만하게 하고 공부를 방해한다.' 등등 여러 이유를 들며 설득했다. 춘추복으로 바뀌는 시기라 조끼를 입도록 권했고, 선우는 이에 따랐다. 하지만 선생님들 눈에는 충분하지 않았는지 결국 붕대로 가슴을 감싼 다음에서야 안심했다. 선우 아버지가 학교에 왔다. 선우는 "난 잘못한 것이 없다."라며 울었다. 선우가 울면서 아버지와 가는 모습을 보며 나는 생각했다. 이럴 때 나무님이라면 '뭐라고 이야기해줬을까?' 혼자 생각하다가 점심시간을 다 보냈다. 결국, 나는 보건샘을 찾아갔다.

"선생님, 지난 시간처럼 저희 토론 한 번 더 할 수 있을까요? 할 수 있게 도와주세요."

이번 토론을 제대로 하는 것이 선우를 돕는 것으로 생각했다. 내 오지랖이 다시 작동한 것이다. 그래서 토론을 잘하는 친구들을 섭외했다. 남학생 입장도 대변할 우리 반 1등과 지난해 토론왕도 날 도와주겠다고 했다. 지원군이 생겨서 든든해졌다. 다만, 수업이 아닌, 학생회 주관으로 선생님들 앞에서 토론하게 되었다. 아…. 일이 너무 커졌다.

학생의 노브라 등교는 허용해야 할까?
찬성 입장인 우리, 반대 입장인 학생회 간부들 역시 마음이 불편했다. '노브라 등교' 찬성팀의 의견을 먼저 발표하게 되었다.

"브래지어는 건강을 위해 착용하지 않아야 합니다. 브래지어를 착용해 본 여성들은 그 불편함에 길들여졌지만, 남성들은 '브래지어가 그렇게 불편해?' 정도로 생각할 수 있습니다. 그래서 남성의 관점에서 브래지어 체험을 서술한 머니투데이 남형도 기자의 〈브래지어, 남자가 입어봤다〉의 기사를 살펴보았습니다. 2일간의 브래지어 체험기는 리얼했습니다. 남 기자는 '브래지어'를 착용하니 덥고, 땀 차고, 어깨와 뒷목이 뻐근하고, 속은 더부룩하고, 등은 간지럽다고 하였습니다. '가슴 아래 땀이 차서 브라를 찢어버리고 싶다.'라는 독자의 말에 기자는 체험 후에야 격한 공감을 하였습니다. 여학생은 사춘기가 되면서부터 이 답답한 족쇄를 가슴에 두릅니다. 통풍 안 되고, 혈액순환에도 방해를 주어, 의사들 역시 유방암 예방을 위해 노브라를 추천하고 있으므로 노브라 등교는 점차 추진해야 한다고 주장합니다."

반대팀의 의견이 이어졌다.

"건강과 관련된 여러 의견이 있는 건 사실입니다. 하지만 저희는 생각이 다릅니다. 여성은 그동안 사춘기부터 노인까지 브래지어를 착용해왔습니다. 이것은 모두 이유가 있는 행동이라고 생각합니다. 가슴이 성장하면서 착용하는 브래지어는 가슴이 처지지 않고 잘 성장할 수 있도록 잡아줍니다. 그리고 흔들림을 잡아주기 때문에 운동할 때도 도움이 됩니다. 또한, 옷에 유두가 쓸리는 불편함이나 아픔도 방지할 수 있습니다. 수유 시 브래지어를 하는 것이 청결에 도움이 됩니다. 이러한 여러 가지 이유로 브래지어를 착용하는 여성들이 대부분입니다."

노브라를 불편하게 바라보는 '시선'이 더 문제였다. 우리팀의 뜻을 모아 내가 말했다.

"브래지어 착용은 '타인의 시선'을 신경 쓰도록 사회가 만들었기 때문입니다. 남형도 기자 역시 체험 동안 신체적 불편감보다 '사회적 시선이 더 힘들었다.'라고 말합니다. 실제 여성은 얇은 옷을 입을 때 유두가 비칠까 봐 브래지어를 합니다. 그리고 브래지어가 얇은 교복에 비치기 때문에 내의를 입습니다. 여름에는 교복 하나를 입는 남학생보다, 여학생들은 브래지어와 내의까지 입어야 합니다." 나는 이어서 말했다.

"이것은 '시선'이 만들어낸 불편감입니다. 우리 몸은 불편하지만, 시선 때문에 반강제적으로 옷을 더 입습니다. 아이러니하지 않습니까? 몸은 원하지 않는데도 속옷을 갖춰 입어야 하는 상황 말입니다."

나의 말을 듣고 반대편에서 바로 의견을 냈다.

"잘못된 시선이 있다는 점을 인정합니다. 하지만 최근 뉴스 기사들을 보면, '배달음식을 시킨, 젖은 머리에 노브라 여성'을 보고 배달 간 점주가 SNS에 성희롱 발언을 해 이슈가 된 적이 있습니다. 남성들은 시각에 민감하므로 범죄를 예방하는 차원에서 조심할 필요가 있다고 생각합니다."라는 반대팀의 '조심할 필요' 발언이 나오자마자, 발끈해서 책상을 짚고 일어선 토론왕이 발언권을 얻고 이야기를 바로 시작했다.

"이의를 제기합니다! 그 말은 피해자가 범죄를 유발했다는 말로 들립니다. 저도 그 뉴스를 봤습니다. '강간하고 싶다.'라고 SNS에 올린 가해자에게 피해자가 원인 제공했다는 겁니까? 모든 폭력은 가해자의 잘못이며, 피해자가 범죄를 유발했다고 보는 사람들의 시선이 더욱 범죄를 키우는 겁니다."

토론왕은 숨을 크게 쉬고 다시 말을 이었다.

"여성들에게 '피해자가 될 수 있으니 조심해야 한다.'라는 말을 하는 현실이 안타깝습니다. 저희가 가장 주장하는 것은 '노브라는 단정하지 못하다', '헤프다'로 보는 사회의 불편한 시선을 고쳐야 한다는 점입니다."

반대팀의 학생회 간부가 이어서 말했다.

"사전에 보면 '단정함'이란 옷차림새나 몸가짐이 깔끔하거나 태도가 얌전하고 바르다는 뜻이 있습니다. 노브라는 사회에서도 논란이 되는 이슈입니다. 저희는 '노브라' 자체가 핫이슈로 토론이 필요할 만큼 학생답지 않다고 생각합니다. 그래서 '노브라 등교'는 학교 규정에 있는 '단정한 복장'을 위반했다고 해석할 수 있습니다."

우리 반 1등도 지지 않았다.

"학교 규정을 보면 브래지어를 꼭 착용해야 한다는 말은 전혀 없습니다. 브래지어는 하나의 '액세서리'일 뿐입니다. 따라서 브래지어를 입는 것은 개인의 자유이며 이것을 침해한다면 학생의 인권을 침해한 것으로 생각합니다. 학생이 브래지어를 착용하지 않았다고 하여 '단정한 복장'이라는 규정을 위반하였다고 볼 수 없습니다. 사회에서 규정한 '단정함'이란 무엇인가요? 그것도 다수의 힘 있는 사람들이 규정한 하나의 기준이라고 생각합니다."

반대팀에서 마지막 발언을 했다.

"저희는 오히려 교복 자체에는 문제가 없는지 이번 기회를 통해 모두가 편안하게 착용할 수 있는 교복을 만들도록 제안하고 싶습니다. 더운 여름에도 여학생이 편안하게 교복을 입을 수 있도록 하는 것이 노브라 등교 허용에 대한 문제보다 우선해야 한다고 생각합니다."

나는 마지막 발언을 맡았다. 목소리에 힘이 들어갔다.

"좋은 제안이라고 생각합니다. 저는 꽉 조이는 여자 교복보다는 남자 교복을 입어왔습니다. 교복을 이번 기회에 개선하는 것에 동의합니다. 마지막으로 진짜 처벌을 받아야 하는 건 선우가 아니라 선우를 쳐다보면서 낄낄거리고 웃고 수군거리는 학생들이라고 생각합니다. 노브라는 다른 사람에게 피해를 주는 행동이 아니기 때문입니다."

토론 시간이 정말 순식간에 지나갔다. 교복을 편안하게 바꾸는 방향으로 토론이 흘러가는 것에 대해 선생님들도 긍정적으로 검토하겠다고 하셨다.

오늘의 감사일기

토론할 기회를 준 '노브라 등교'를 한 용기 있는 선우가 있어 고맙습니다.

선생님들도 이해할 수 있게 교복을 바꾸는 쪽으로 이야기가 진행되어 고맙습니다.

나무님이라면 어떻게 말해주었을까 생각하며 토론을 한 나에게 고맙습니다.

- 6 -

내 몸이 진짜 원하는 것

넌 태어난 '존재'만으로도 충분히 의미 있는 사람이야

다음 날부터 두 번째 토론회를 준비하게 되었다. 일이 점점 더 커진다. 이번에는 교육청의 인권 담당 선생님까지 오신단다. 선생님은 우리의 토론을 지켜보기만 했지만, 마지막에 이렇게 말씀하셨다.

"여학생도, 남학생도 편하게 입을 수 있는 교복을 교육청 차원에서부터 제작해보겠습니다. '한국중학교'에서부터 개선해봅시다."

박수가 나왔다. 예상치도 못한 결과가 나와서 더 기뻤다. 가슴이 두근두근 뛰었다. 계획하지 않은 채 시작되었지만, 서로 'win win' 하는 토론이었다.

반대팀은 좋은 제안을 해주었고, 우리 팀은 원하던 노브라를 할 수 있는 편안한 교복으로 개선할 수 있었다.

이번 토론을 계기로 교복 개선 프로젝트에 참여했다. 우리는 설문 조사로 전교생 의견을 받았다. 모인 의견을 최대한 수용하여 선생님들과 교복 디자이너와 함께 의논했다. '세상에서 가장 편안한 교복을 만들자.'라는 목표도 생겼다. 목표가 생기니, 배워야 할 내용이 많았음에도 불구하고 재미있었다. 공부가 원래 이렇게 재미있는 거라는 생각도 처음 하게 되었다. 이참에 디자이너가 돼볼까? 하고 싶은 게 하나 더 생겼다.

"가장 필요하고, 바로 개선할 수 있는 여름 생활복을 먼저 바꿔보았으면 좋겠습니다. 여름옷은 얇고, 땀도 많이 나서 더 불편해요."

상의는 흰색으로 정해, 뜨거운 여름 햇빛을 방출하도록 하고, 자외선 차단기능도 넣었다. 그리고 나처럼 아무 데나 앉고 음식도 잘 흘리는 사람들에게 필요한 방수 원단을 사용하기로 했다. 구김도 덜 생기고 빨래하기도 편하고 활동하기도 좋게 해달라는 요청을 반영해 스판 재질의 바지를 만들었다. 땀 많은 여름철 고민을 줄이기 위해 땀 흡수와 통풍이 잘 되는 최신 소재를 등과 겨드랑이에 덧대었다.

심혈을 기울인 여학생 상의는 브라티처럼 앞을 덧대었다. 티로 입으면 가슴 앞쪽 단추가 벌어지는 걸 막을 수 있었다. 가슴을 압박하지 않을 정도로 편안한 상태를 유지했다. 사이즈별로 나누어 선택할 수 있도록 했다. 우리에게 필요한 걸 직접 만드니 더 재미있었다.

이번 공부를 하면서, 교복이 왜 이렇게 불편한지를 알게 되었다. 미디어 영향 때문이었다. 미디어에서 보이는 건 다 좋아 보였다. 우선, 연예인들의 마른 몸이 좋아 보였다. 그렇게 몸매가 돋보이는 교복에 우리 몸을 인형처럼 맞춰야 했다. 남학생보다 여학생 교복이 핏이 더 들어가고 활동성이 더 적었다. 점차 팔을 올리기도 힘들고 숨쉬기조차 힘든 교복이 되어버렸다.

남학생도 외모가 스펙이라는 소리를 듣지만, 여학생이 못생기고, 뚱뚱하면 더 놀림을 받았다. '게으른 여자, 자기 관리도 안 하는 년, 앞으로 뭘하고 먹고 사는지 모르겠다.'라는 꼬리표가 붙었다. 그렇게 우리는 외모평가에 익숙해지고, 순위를 매겼는지도 모르겠다.

또한, SNS에 올라온 연예인들의 자해 사진을 보고 멋있다고 생각했다. '저렇게 걱정해주는 사람이 나에게도 있을까?' 나는 궁금했다. 다들 하니까 나도 했다. 그런데 남은 상처를 보니 '내가 왜 그랬을까?'라는 자책만 늘어갔다…. 남들 따라 자해를 했던, 나의 행동도 다시 생각하게 되었다.

보건 수업시간, 선생님은 '브라' 체험 대신에 '생리대' 체험을 제안하셨다. 생리대는 더 불편하고 찝찝하기 때문이었다. 아직 경험해보진 않았지만, 엄마나 친구들을 보면 얼마나 짜증 나는 일인지 알고 있었다.

"저요."

그 녀석이 손을 들었다. 의외였다. 생리대 체험을 자원하다니 달리 보였다. 몇몇 애들은 설명을 듣고 포기했다. 결국, 그 녀석 혼자 '상남자'를 대표해 체험을 했다. 수업이 마칠 때 즈음 소감을 듣는 시간을 가졌다. 꽤 진지해진 표정이었다.

"그냥 장난삼아 시작했어요. 흠… 뭐라 해야 할지 모르겠지만, 팬티에 아무거나 놔둔 것 같았어요. 애들 말대로 물을 뿌리고 생리대를 찼는데, 가을인데도 엄청 찜찜했어요. 선생님이 양이 많을 때 생리혈은 패드가 완전히 젖고 덩어리도 나온다고 해서, 여자들이 얼마나 힘든지 알게 되었어요. 한 시간도 안 했지만… 이걸 매일, 매달 하다니. 이거 장난처럼 체험할 것이 아니에요."

나는 얘기를 들으며 '쟤도 진지할 때가 있구나.'라고 생각했다. 역시 뭐든 경험해봐야 남의 마음을 알 수 있는 거였다. 그렇게 수업 종이 쳤다. 쉬는 시간, 나도 모르게 잠이 들었다.

내 몸이 원하는 것, 내 몸이 좋아하는 것

"다른 사람들이 너에게 원하는 게 많았나 보다?" 나무님이 말했다.

"어? 나무님, 저 잠 들었어요? 요즘 공부를 넘 열심히 해서 피곤했나 봐요. ㅎㅎㅎ 우리 완전 오랜만에 만났어요!!! 얼마나 보고 싶었게요~."

"내가 말했잖아. 모두 지켜보고 있다고. 잘하고 있어서 보고 있었지.

'내가 무슨 말을 해줬을지' 생각해서 잘 해결하는 걸 보니 기특하고, 진짜 멋졌어!"

흐뭇해하는 나무님에게 토론을 하면서 느낀 것들을 말하고 싶었다.

"저한테 바라는 것보다는 '여자니까 하라고 강요하는 것'이 많았어요. 여자가 치마도 좀 입으라 하고, 다리 벌리고 앉으면 또 뭐라 하고, 교복도 단정하게 속옷도 잘 갖춰 입으라 하구요. 몸매 관리도 해야 하고, 암튼 한국에서 여자는 정말 피곤하고 답답하게 사는 것 같아요." 내가 말한 걸 들은 나무님이 물었다.

"그렇게 사는 건 자기가 원하는 걸까(want)? 좋아해서 하는 걸까(like)?"

"다른 사람들이 그렇게 하길 원하니까 '나는 그래야 하는구나.'라고 생각한 것 같아요. 대부분 그렇게 원하니까 내가 원하는 것인 줄 착각한 게 아닐까요?" 내가 답했다.

"그럼 네 몸이 좋아하는 건 뭔데?" 질문 많은 나무님이 물었다.

"그냥 편안하게 있는 거죠. 편안한 옷 입고, 다른 사람 시선도 의식 안하고, 배 나오고 살 좀 찌면 어때요. 나다우면 되는 거죠. 또 그게 싫으면 관리하면 되는 거구요."

"그래, 너답게 살면 되는 거야. 넌 태어난 '존재'만으로도 충분히 가치 있는 사람이야. 남들이 원하는 모습이 아니라 스스로 좋아할 수 있도록 '나다움'을 찾아봐."

그랬다. 많은 사람이 원하고 있어서 나도 그렇게 해야 할 것 같았다. 키가 커야 좋고, 몸매가 좋아야 하고, 얼굴은 작았으면 좋겠고, 뭐 이런 희망 사항 같은 것이다. 그렇게 비교하다 보니 나다운 것은 사라졌다. 하지만 내 몸이 좋아하는 것은 달랐다. 편안하고 건강한 것이었다. 다른 사람 시선을 의식하기 전에 내가 편안한 상태를 아는 것. 그것도 나답게. 나는 그게 좋았다.

오늘의 감사일기

내가 좋아하는 내 몸에 대해서 알게 되어 감사합니다.

노브라 사건이 잘 해결되어 감사합니다.

교복 개선 프로젝트에 참여하게 되어 감사합니다.

"수영아, 너 그 얘기 들었어? 글쎄 선우가~."

선우는 며칠째 학교에 오지 않고 있다. 톡도 확인을 안 했다. 근데 이상한 소문들이 계속 들렸다. 선우가 남자가 많다. 걸레다. 성매매한다는 이야기까지…. 이건 또 무슨 소리인지. 남자친구가 계속 있고, 노브라로 등교하고, 자기 할 말 확실하게 하고, 부모님이 이혼하고 그러면 헤픈 여자 소리를 들어야 하나? 걸레라는 말을 이렇게 막 해도 되나? 그냥 한 사람, 학생은 없는 건지. 뒷말하는 애들이 많은 학교가 정말 싫다. 다른 학교로 전학 가도 이럴까? 내가 더 학교에 안 나오고 싶다.

우리가 모르는 진짜 성 이야기

피임약 퀴즈

1. 생리통약과 피임약은 서로 다른 말이다.

(X) 월경불순 · 생리통을 조절하는 약과 피임을 위해 먹는 약 모두 여성 호르몬제(에스트로겐, 프로게스틴 등)이다. 사용하는 용도만 다를 뿐 둘 다 같은 말이다.

2. 흡연 사실을 피임약 살 때 꼭 말해야 한다.

(O) 피임약의 에스트로겐 성분과 담배(전자담배도 마찬가지)의 니코틴이 만나면 혈전(피딱지, 피떡) 위험성이 증가한다. 따라서 흡연자는 피임을 준비할 때, 숨기지 말자.

3. 피임약은 배란일이나 성관계 시에만 먹어도 피임이 된다.

(X) 매일 꾸준히 복용해야 피임 효과를 제대로 볼 수 있다. 약마다 복용 방법이 다르니 약의 복용 방법을 꼭 확인하자.

(어려웠다면 5장 5, 6챕터를 더 집중해서 봅시다!)

- 7 -

'자기 결정권'의 주인이 되어야 하는 진짜 이유

내 말과 행동을 선택하고 결정하는 주인공이 되세요. 그리고 선택을 '책임'질 수 있어야 해요

수업시간, 보건샘이 오늘의 주제를 칠판에 적었다. '자기 결정권이란?'

한마디로, '내가 어떻게 행동할지 스스로 결정하는 것', '싫다고 말할 수 있는 것'이라고 나는 이해했다. 좀 더 나아가 '성적 자기 결정권'에 대한 이야기를 했다. 우선 선생님이 주신 2가지 자료를 보고, '월드 카페 토론'을 시작했다. 카페에서 얘기하듯이 낙서하면서 편하게 이야기하는 활동이었다. 커다란 종이 한가운데 '청소년은 왜 성적 자기 결정권을 가져야 할까?'라고 우리 모둠의 논제를 쓰고 조별 토론을 했다. 토론 수업을 자주 하니, 자기 생각을 적극적으로 표현하는 아이들이 좀 더 많아졌다.

"스킨십을 할지 말지 결정하는 거야." 친구가 말했다.
"싫으면 싫다, 좋으면 좋다고 이야기할 수 있는 거야." 나도 말했다.
"여친·남친과 사귀기로 정한 것도 성적 자기 결정권이라고 생각해."

우리 모둠은 첫 번째 자료인 십대섹슈얼리티인권모임에서 지은 『연애와 사랑에 대한 십대들의 이야기』를 가지고 얘기해보았다.

> 2012년 11월에는 십대 여성 청소년이 임신한 사실을 누구에게도 말하지 못하고 혼자 고민하다가 임신 23주가 되어서야 부모와 함께 인터넷을 보고 찾아간 병원에서 낙태 시술 도중 사망하기도 했다. 그러나 같은 해 8월, 헌법재판소는 "여성의 자기 결정권은 '사익'에 해당하므로 '태아의 생명권'이라는 '공익'에 비해 결코 중하다고 볼 수 없다."라며 형법상의 낙태죄 관련 조항이 합헌이라는 결정을 내렸다. 이런 환경에서 과연 어떻게 청소년이 자신의 성적 자기 결정권을 온전히 행사할 수 있을까?

우리 모둠은 함께 이야기했다.
"내 생각은… 물론 생명이니까 태아도 중요하고 보호받아야 해. 그렇지만 '청소년'도 죽었잖아. 청소년도 보호해야 하지 않을까? 올바른 결정도 못 하니까 우리에겐 투표권도 주지 않잖아. 그런데도 그 청소년의 결정은 '사적이고 개인적인 결정'이라고 판단하는 건, 청소년을 한 번 더 죽이는 것 같아."

"이런 사건들이 계속 알려지니까, 이번에 낙태죄 폐지까지 온 게 아닐까? 나는 낙태죄가 헌법불합치 결정이 났다고 하는데, 그게 무슨 말인지 넘 어려워."

법률 용어는 어려웠다. 그래서 2019년 4월 11일 '낙태죄 헌법불합치'에 대한 자료를 더 찾아보았다. 쉽게 말해 낙태죄는 헌법에 맞지 않는다는 의미였다. 수년간 낙태죄는 합헌(헌법에 합당한 것)이었기 때문에 당연히 낙태 시술은 불법이었다. 위헌 결정을 내리려면 9명의 재판관 중에서 6명이 헌법에 맞지 않는다는 결정이 필요하다. 이번 결정엔 합헌(낙태죄는 불법이다) 2명, 헌법불합치(낙태죄는 헌법에 맞지 않는다) 4명, 단순 위헌(낙태죄는 바로 폐지돼야 한다) 3명이었다. 결국, 7명이 '위헌'에 손을 들어 '헌법불합치'로 결정된 것이다. 생소한 법률 용어도 함께 배우니 좀 더 쉽고 재미있었다. 우리는 『연애와 사랑에 대한 십대들의 이야기』에 나온 또 다른 자료를 살펴보았다.

2013년 9월, 부산에서 한 중학생이 아파트 화장실에서 혼자 아이를 낳고, 두려움에 아이를 수차례 찌른 뒤 베란다로 던져 유기한 사건이 일어났다. 아이의 아버지는 열여덟 살 남성 청소년이었다. 이 여성 청소년은 임신 7개월이 가까워질 때까지도 임신 사실을 모르고 있었다고 한다. 당시 언론은 이 사건을 두고 영아 살해와 유기 사실에만 초점을 맞추어 이 학생을 비난하거나 '무너져가는 청소년 성 의식'을 개탄하기 바빴다.

우리는 자료를 읽고, 대화를 나누면서 놀라움을 감출 수 없었다. 우리도 모르는 사이에 성적 자기 결정권과 관련된 수많은 사건이 발생했다. 무엇보다 청소년은 사회로부터 보호받는다고 생각했었는데, 보호받지 못하는 사회에 살고 있다는 사실도 알게 되었다. 그리고 2011년부터 십대가 주체가 되어 청소년 운동을 하는 단체가 있다는 것이 신기했다.

우리 모둠은 각자의 생각을 자유롭게 얘기했다.

"자기 몸과 섹스, 임신에 대해 제대로 된 정보를 알았으면 저렇게 심각하진 않았을 거야."

"임신 사실을 알았을 때 상담하거나 도움을 받았다면 최악의 상황은 벗어났겠지."

"그럼 우리가 성적 자기 결정권에 대해 잘 알고 있어야 제대로 사용할 수 있겠다."

"성적 자기 결정권을 알고 있는 것도 좋지만, 안전하게 사용할 수 있는 환경이 더 필요해. 십대 부모도 안전한 환경에서 자기 미래와 태아의 미래를 생각할 수 있었다면 다른 선택을 했을 수도 있어. 저 사람의 상황은 생각하지도 않으면서 탓하기만 바쁜 것 같아."

우리 모둠은 성적 자기 결정권을 이해하고 실천함으로써 우리의 권리를 지킬 수 있다는 것을 알게 되었다. '어떻게 하면 성적 자기 결정권을 잘 행사할 수 있을까?'라는 질문을 좀 더 생각해보았다.

"나는 작은 것부터 실천해보는 게 중요한 것 같아. 내가 'NO'라는 건 내 숭이 아니라 싫은 거야. 예를 들면… 내가 손잡기 싫다고 하는 건 '오늘은 싫구나.'라고 생각했으면 좋겠어."

"난 네가 화장실 같이 가기 싫다고 할 때, 짜증 안 내고 존중해줄게."

"친구가 폰 가져가서 살펴보는데, 그건 내 프라이버시니까 존중해주라 고 말해야겠어."

다들 'NO'라고 싫다는 걸 표현했을 때, 존중받지 못한 경험이 있었다. 선생님은 좀 더 나아가서 'YES'만이 동의를 한 것이라고 말씀하셨다. 그 리고 '침묵'도 동의가 아니라고 하셨다. 아무 말을 안 하고 침묵하는 것은 'YES'가 아니고, '생각할 시간'이 필요한 것이었다. 보건샘이 말했다.

"여러분들이 이렇게 자료를 보고 서로 궁금한 것을 직접 찾아보며 대 화하는 과정이 바로 '집단지성'이에요. 잘못된 것이나 부당한 게 있다면 함께 집단지성의 힘을 발휘해서 지혜롭게 바꿔갔으면 좋겠어요. 그걸 잘 보여준 사례가 이번에 교복 개선 프로젝트라고 생각해요. 청소년은 상대 적으로 사회 위계에서 낮은 위치에 있어요. 여러분 혼자의 힘이 약하다 고 생각될 때는 함께 이야기하는 방법을 찾아봤으면 해요. 그 과정에 '자 기 결정권'이 필요해요. 내 말과 행동을 선택하고 결정하는 주인공이 되 세요. 그리고 선택을 '책임'질 수 있어야 해요. '자기 결정권'을 연습하는 방법은 작은 것부터 선택하고 책임지는 거예요. 누구의 강요 때문에 선 택하지 마세요. 그 사람은 여러분 인생을 대신 살아주지 않아요."

수업을 마무리하며 선생님은 노브라 사건을 교복 개선 프로젝트로 잘 해결했다며 칭찬을 아끼지 않았다. 모두 나에게 큰 박수를 보내주었다. 고생이 보람 있게 느껴졌다. 내가 가치 있는 사람이 된 것 같았다.

나는 수업이 끝나자마자 담임 선생님께 찾아갔다. 선우가 계속 걱정되었기 때문이다.

"선우가 연락도 안 돼서 걱정돼요. 어떻게 지내고 있는지 알고 계실 것 같아서 왔어요."

"사실, 선우 아버님이 다녀가셨어. 여러 가지 고민을 하고 계시더라. 충격이 컸나 봐." 담임샘이 말했다.

"선우는 잘못한 게 없는데…. 잘못한 행동을 한 것처럼 주변에서 얘기해서 속상해요." 나는 속상한 표정으로 말했다.

"속상했구나. 샘이 선우 집에 갈 건데, 편지라도 적어볼래? 전해 줄게."

오늘의 감사일기

선우에게 편지를 쓸 수 있어서 감사합니다.

선생님과 친구들에게 박수를 받을 수 있어서 감사합니다.

자기 결정권에 대해 알게 되어 감사합니다.

자기 결정권의 주인이 되어 감사합니다.

선우에게

요즘 많이 힘들지? 난 연락도 못 해서… 답답하고 걱정되고 더 보고 싶다. 너한테 처음으로 편지 쓰는 거라서 조금 어색하고 오글거리기도 해. 읽는 너도 그러겠지? ㅎㅎ 너 없는 동안 많은 일이 있었어. 그땐 함께하진 못했지만, 이젠 나도 노브라 등교를 원해. 어떻게 하는 게 널 돕는 것일까 계속 고민했어. 그렇게 '노브라' 토론을 시작했는데, 결과가 어떻게 나왔는지 알아? 우리 학교에서부터 노브라로 편하게 입을 수 있는 교복을 만들 거야. 선생님들이 도와주고 있어. 내가 디자이너가 된 것처럼 신났어. 상상도 못 했던 일들이 벌어지는 게 나도 신기해. 이렇게 기쁜 일을 너한테 알려주고 싶은데, 너 왜 연락이 안 되는 거야? 혹시… 소문 때문에 상처받았어? 그딴 거 신경 안 쓰면 좋겠는데…. 뒷말하는 녀석들 있으면 내가 이단 옆차기로 다 날려줄게. 나 태권도 유단자인 거 너도 알지? 언제든지 기다릴게 연락해.

수영이가

이건 무슨 말?! 국가는 소극적 권리만 보호한다고?!

1. 성적 자기 결정권의 '적극적' 의미
'원하는 사람과 성적 행동'을 할 자유

2. 성적 자기 결정권의 '소극적' 의미
'원하지 않는 성적 접촉'을 당하지 않을 자유

적극적 의미의 성적 자기 결정권은 국가가 보장해주기 힘들다. 원하는 성적 행동을 하도록 국가가 보장하긴 힘들기 때문이다. 하지만 소극적 의미의 성적 자기 결정권은 나의 자유를 침해당한 것이므로 국가가 보호해야 한다. 단, 침해의 결과를 눈으로 볼 수 없으므로 침해를 받았을 때 보장받기 힘들다. 그러므로 증거를 캡쳐 하거나 녹음해서 자료를 반드시 확보해 두어야 한다.

- 8 -

진짜 존중해야 할 것은 바로 나 자신이다

나를 존중하지 않는 사람은 다른 사람을 존중할 자격이 없어

최선을 다해 준비한 농구 리그전, 팀플레이가 좋은 우리 팀은 당연히 우승 후보가 됐다! 가장 강력한 우승 후보인 3반과의 결승전은 신경전이 장난 아니다. 경기하는 우리보다 보고 있는 애들 응원이 더 치열했다. 하지만 오늘따라 내 몸이 무겁고, 패스도 안 되고, 예민해졌다. 오늘 시합은 나만 잘하면 될 것 같다.

후반전, 우리 전술이 통해 자유투 기회를 얻었다. 자유투 할 선수는 바로 나였다. 그동안 연습하면서 머릿속으로 상상했던 순간이었다. 나는 골대 앞에 서고, 온몸의 긴장을 풀고, 크게 심호흡했다. 집중해서 계속 마음속으로 외쳤다. '들어간다. 들어간다.' 두 손을 모아 공을 던졌다.

숫~! 대박! 역전이다!!!

두 번째 자유투를 넣기 전, 3반 센터가 다 들으라는 듯이 크게 말했다.

"한수영, 너 생리 폈어."

순간 머리가 하얘졌다. 흰 유니폼에 검붉은 피가 물들어 있었다. 얼른 뒤를 보고, 상의를 내렸다. 다들 나를 보고 있을 걸 생각하니 얼굴도 빨갛게 변했다. 하지만 나는 자유투를 던져야 했고, 두 번째 공은 결국… 실패했다. 타임아웃과 함께 나는 쏜살같이 코트를 나갔다. 이 중요할 때에… 꼭 이럴 때 터지다니…. '생리는 진짜 맘대로 안 된다.'는 애들 말이 딱 맞다. 이때 누군가의 소리가 내 귀에 꽂혔다.

"쟤는 경기하는데, 저것도 조절 못 해서 바지에 지리냐? 어이없다."

그놈을 찾고 싶었지만, 나는 이미 쪽팔려서 숨고 있었다. 날 걱정해줄 사람은 없었다. 그때, 검은색 바람막이 하나가 내 눈앞에 있었다. 그 녀석이었다. 그리고 날 보며 얘기했다.

"이거 허리에 둘러. 쟤들 말 신경 쓰지 마. 보건실 가면 샘이 챙겨주실 거야."
"어?! 그래, 고마워…."

얼른 옷을 매고 보건실로 갔다. 망했다. 선생님이 안 계셨다. 지난번에 봐두었던 서랍에서 급한 대로 생리대 하나를 꺼내서 재빠르게 화장실로 갔다. 처음 쓰는 생리대는 더 생소했다. 다행히도 지난 시간에 배운 생리대 사용법을 더듬어 기억하면서 겨우 뒷수습을 했다. 보건실로 돌아가는 길에 선생님을 만났다. 선생님을 보자 눈물이 글썽거렸다.

"선생님, 저 생리 시작했어요…. 그런데요…."
"수영아~. 왜 무슨 일 있었어?"
"리그전 하는데 생리가 터져서 옷에 다 묻었어요. 애들이 다 봤는데, 이제 어떻게 해요."
"아이코…. 다들 보는 데서 생리 핀 걸 알았구나. 수영아, 지금 기분은 어떠니?"
"모르겠어요…. 쪽팔리고, 숨고 싶고, 왜 이럴 때 터지는 건지 너무 짜증 나요."

보건쌤은 내 맘을 아는지 모르는지 미소를 지으면서 이야기를 꺼냈다.

"수영아~. 기억나? 너 생리 처음 시작하면 쌤한테 오라는 말. 이제 진짜 여성의 몸이 되었다는 증거야. 나는 널 굉장히 축하해주고 싶은데?!"
"이게 축하할 일이에요? 이렇게 쪽팔리고, 귀찮고, 슬퍼요. 저는…."
"지금은 좀 불편하고 힘들 수도 있지만 모든 것은 자연의 법칙처럼 이유가 있어. 우리 학교에 있는 밤나무 본 적 있어?"

"네…."

내 대답에 보건샘은 말을 이었다.

"밤송이가 이맘쯤부터 무르익어가거든. 성숙한 밤송이는 자연스럽게 떨어지는데. 이건 밤이 익었다는 증거야. 먹는 것에 우리 몸을 비유해서 불편할 수도 있겠지만, 내가 이야기하고 싶은 건 자연의 법칙과 우리 몸이 굉장히 비슷하다는 거야. 우리는 자연에서 왔거든. 사춘기가 되고 여성호르몬이 원활하게 순환되고, 성숙했기 때문에 초경이 시작된 거야. 이제 진짜 어른이 되어가는 거니까 더 축하해야지 (웃음)."

그렇게 선생님과 나만의 '존중 파티'를 했다. 온 신경을 쏟았는지 긴장이 풀리자 배가 아팠다. 보건샘은 생리통이 시작될 때 바로 진통제를 먹는 게 좋다고 하셨다. 내성은 거의 없으니 앞으로도 아프면 진통제를 먹으라고 하셨다. 그리곤 침대에 누운 나는 잠이 들었다.

"축하해~. 진짜 어른이 되고 있구나!" 나를 친근한 눈빛으로 쳐다보던 나무님이 말했다.

"헤헤~. 아까는 좀 어색했는데, 자꾸 들으니 기분이 한결 가벼워져요." 나는 웃으며 말했다.

"이제 너를 존중하는 법을 배워야 해. 그래야 '어른이'가 아니라 진짜 '어른'이 될 수 있어."

"'어른이'는 뭐예요? 어른도 어린이도 아닌 사람이에요? (웃음)"

나는 장난스럽게 물었다. 어른이는 '몸은 어른'이 되어도 '어린이처럼 사는 사람들'이었다. 내 주변에도 떠오르는 '어른이'들이 꽤 있었다. 나무 님은 이어서 말했다.

"너는 우주의 모든 것과 관계 맺고 있어, 인간관계도 그중 하나야. 이제 관계 속에서 너를 존중하는 법을 배울 거야. 몸도 마음도, 의식까지도 진짜 어른이 되는 여행을 하는 셈이지."

"몸·마음·의식까지 어른이 되는 여행? 하지만, 전 아직 어른이 되고 싶지 않은데요?"

"그런 마음이 들 수 있지. 하지만 그렇다고 네가 어른이 되지 않을까? 네가 선택할 수 있는 건 두 가지야. '괜찮은 어른'으로 성장하든가, 아니면 이렇게 시간만 흘려보내고 네가 떠올렸던 사람들처럼 '어른이'가 되든가. 자~. 이제 뭘 선택할 거야?"

시간만 이렇게 흐르면 나도 내가 싫어하는 사람들처럼 행동하겠지? 사실 나도 개념 없는 초등학생들 보면 '쯧쯧~. 요즘 것들이란~.' 말을 하곤 했다. 걔들도 나를 꼰대라고 생각했을까? 나는 입을 열었다.

"둘 중엔 당연히 '괜찮은 어른'이죠. 이렇게 많이 부족한데, 제가 할 수 있을까요?"

"부족한 만큼, 더 채울 수 있으니까 더 좋지! 괜찮은 어른이란 자신의 부족한 부분을 알고 채우려고 노력하는 사람이니까. 너를 존중하는 만큼 달라질 거야." 나무님은 웃음기 없이 말했다.

"그런데, 왜 나를 존중해야 하는 법을 배워야 해요?"

오래간만에 보는 나무님의 진지한 눈빛. 처음 만났던 그 눈빛이었다.

"존중은 사람을 높이고 중요하게 대하는 거야. 다른 사람을 존중하기 전에, 바로 너 자신을 먼저 존중하는 게 필요해. 나를 존중하지 않는 사람은 다른 사람을 존중할 자격이 없어."

"내가 먼저 나를 존중한다. 근데, 다른 사람을 먼저 존중해도 돌아오지 않나요?" 나는 물었다.

"어느 것이 '먼저'인지 보다, 네가 '자신을 존중하는가, 아닌가.'를 살펴보라는 거지." 나무님이 날 보며 말했다.

"존중하고 싶은데 잘 모르겠어요. 존중하는 건 왜 이리 어려울까요?"

나는 궁금했다. 좀 더 쉽게 설명해주려 고민하던 나무님은, 나에게 '자기 결정권'의 뜻을 물었다.

"흠…. 갑자기 대답하려니 좀 어려운 데요. '자기'는 나고, '결정권'은 결정하는 권리가 있다는 거예요…. 그러니까 내 말과 행동은 내가 선택하고 결정한다는 뜻인 거죠." 난 말했다.

"그래~. 그럼 성적 자기 결정권은 뭐지?" 나무님의 질문이 이번엔 쉽게 느껴졌다.

"내 성적인 말과 행동은 내가 선택하고 결정하는 거죠." 난 더 명확하게 답할 수 있었다.

"그럿~춰! 바로 그거야. 성적 자기 결정권은 내가 일상에서 매일 실천하고 있어야, 필요할 때 언제든지 꺼내 쓸 수 있어. 예를 들면 내가 좋아하는 사람이 생겼다고 생각해봐. 이때, 바로 스킨십을 할 수 있을까?" 나무님이 신이 나서 나에게 다시 물었다.

"연애 시작하는 날 뽀뽀했다는 얘기는 들어본 것 같아요. 근데… 저는 못 하겠어요."

"사람마다 다를 수 있지. 평소에 친구들하고도 손을 잡고 다니던 사람이, 좋아하는 사람과도 손을 잡고 싶은 마음이 드는 것처럼! 좋아하는 사람과 '키스를 할지, 사랑을 나눌지'에 대해 결정해야 할 때가 있어. 이땐 다른 누구도 아닌 '나 자신'이 결정하는 것이 '성적 자기 결정권'의 핵심이야. 이건 아주 중요해. 나를 존중할 수 있는 선택을 해야 해."

"내가 나를 존중하는 방향으로 선택하고 결정해야 한다는 거죠?" 내가 되물었다.

"그래, 하지만 말로는 간단할 수 있어. 실천이 중요한 거지. 앞으로도 계속 배워보자. 나 없어도 잘하고 있으니까. 힘들 때는 어떻게 생각하는지 알지?" 날 보며 나무님이 말했다.

"나무님이라면 어떻게 했을지 계속 생각하고 있어요. 저 잘하고 있는 거 맞죠?"

"아주 많이 잘하고 있어. 걱정하지 마. 계속 지켜보고 있을게." 웃으며 나무님이 말했다.

잠에서 깨니 여전히 보건실이었다. 교실로 올라가 교복으로 갈아입었다. 다시 그 녀석에게 바람막이를 돌려줘야 하는데, 왠지 마음이 이상했다. 지금은 쑥스러운데, 내일 줄까? 아…. 모르겠다. 진짜.

오늘의 감사일기

초경이 시작되어 진짜 어른이 되고 있어서 감사합니다.

괜찮은 어른이 되겠다고 선택한 나에게 고맙습니다.

나를 먼저 존중하는 방법을 알려준 나무님이 있어서 고맙습니다.

초경 파티로 축하받을 수 있어서 감사합니다.

리그전에서 나를 도와준 그 녀석에게 고맙습니다.

EL FRAGMENTO COMO PRINCIPIO

La primera transformación del montaje en relación con el desglose
es la importancia que, obliga por principio a dar a los fragmen-
tos como tales. Los diferentes momentos de la película, los pla-
nos o las imágenes, las líneas o los sonidos, ya no se articulan
alrededor de una totalidad formada por la película, sino alre-
dedor de una entidad que a ellos mismos concierne. Si bien en
el desglose narrativo «todo lo que queda apuntado es notable»,
lo es sin duda en relación a la narración, a la totalidad que
constituye, mientras que en un tipo de montaje más cercano al
collage, cada uno de los fragmentos nos remite a su propia esfera
de significado. Así el montaje consiste, justamente, en asociar
estas entidades, es decir, valorarlas como están, en el momento
en que las confrontamos.

Al utilizar cada plano como un elemento significante, el
discurso pertenece al orden de este *collage* «intelectual».
Cuando en *El Acorazado Potemkin* Eisenstein nos muestra sucesi-
vamente planos de las miradas de los marineros y de los fusiles
de los soldados, o del mocasín blanco de un oficial y de la boca
vociferante de un amotinado, no está confrontando solamente
dos distintos elementos de la intriga, sino, evidentemente, dos
esferas más amplias, dos universos que g   el pensa-
miento, siendo solicitados por el fragmento   to, hay
numerosas películas clásicas en las que los f   nos
o los habitáculos de otros nos remiten a un   y a
determinaciones culturales. La película realiz
novela, funciona a partir de estos indicios, o de
Pero aquí, por ejemplo con Eisenstein, el desarro
cula no sólo lleva consigo estas anotaciones para
ellas; al contrario, gracias al montaje puede dere
entidad que sugiere el plano y la cristaliza. El fragme
es pues un detalle, sino una representación.

3 장

친구와 건강하게
사귀는 법

- 1 -

나도 '인싸'가 되고 싶다

넌 '마싸'가 돼야겠네. 다른 누구도 아닌 '내'가 원하는 기준을 갖고 사는 사람 말이야

그 녀석의 이름은 이다윤. 이름만 괜찮다. 지난번, 리그전 때 행동도 '쪼끔' 괜찮았다. 빌린 바람막이를 돌려주러 가려니 기분이 묘했다. 나는 아직도 생리를 창피하게 생각하고 있나? 쌤이 당당해도 된다고 했는데…. 아직은 생각한 대로 잘 안 된다. 드라마에서 보면 남자가 여자를 도와주는 건 호감이 있다는 거라는데, '혹시, 쟤 날 좋아하는 건가?'

혼자 앉아 있는 이다윤이 보였다. 아이팟으로 음악을 듣고 있었다. 그 앞에 서서 날 알아챌 때까지 조금 기다렸다.

잠시 후, 그 녀석과 눈이 마주쳤다. 어색해서 다른 말은 못 하겠다.

"고마워~!" 용기를 내서 바람막이를 건넸다.
"그래~."

건네준 바람막이를 쿨하게 받고 다시 음악을 듣는 저 녀석. 그 녀석 반응에 나는 당황스러웠다. 뻘쭘해진 손을 얼른 주머니에 넣었다. 그리고 교실 문을 나서는데, 1학년 꼬맹이들이 창문에 매달려 이다윤을 보고 있었다. 도무지 이해가 안 됐다. '저런 재수 없는 녀석이 뭐가 좋다고…. 요즘 애들 참, 사람 보는 눈도 없지….' 그 이후에 그 녀석과는 아무런 사건이 일어나지 않았다.

친구의 배신

선우랑은 연락이 계속 안 된다. 그런데 선우를 봤다는 친구들의 이야기가 들리기 시작했다. 대학로에서 미니스커트를 입고 가는 걸 본 친구도 있었고, 어떤 남자랑 같이 있었다는 얘기도 들렸다. 다들 나한테 근황을 물어보는데, 어떻게 지내는지 전혀 몰랐다. 그래서 슬펐다. 폰 번호도 바뀌고, 편지에도 답장조차 없다. 나쁜 자식. 내가 얼마나 걱정을 많이 했는데…. 어떻게 연락도 안 할 수 있는 거지?

점심시간, 밥을 먹는데 선우 이야기가 나왔다. 그리고 선우가 내 '뒷말'을 하고 다녔다는 걸 알게 되었다. 나는 순간 열이 받았다.

음식이 거꾸로 올라올 것 같았다. 어떻게 내가 없는 데서 욕을 하고 다닐 수 있지? '후~.' 크게 심호흡을 했다. 선우를 같이 욕하고 싶은 마음이 생겼다. 애들이 내 눈치를 보는 게 느껴졌다. 나도 같이 흉보고 싶은 마음도 있었지만 하지 않기로 했다.

'나는 탓하거나 핑계를 대지 않습니다.'

아침에 외쳤던 확언이 생각났기 때문이다. 그래도 서운한 마음은 가라앉지 않았다. 그렇게 친하게 지냈는데…. 그런 아이인 줄도 모르고 계속 걱정했던 내가 싫었다. 나만 걔를 친구라고 믿었구나. 역시 세상엔 믿을 만한 사람이 없다…. 내 마음처럼 날씨도 바람도 더 차갑게 느껴졌다. 겨울이 오긴 왔나 보다. 서늘한 바람이 몸을 웅크리게 될 정도로 춥게 느껴졌다. 우리 학교의 겨울바람은 칼바람이다. 바람이 엄청나게 세게 불 때 보면, 애들 머리가 매생이 같았다. 피식 웃음이 나왔다.

나도 가끔은 혼자 있고 싶다

'수영이는 성격이 좋다.'며 담임샘이 나를 '우리 반 또래 상담사'로 추천했다. 애들이 힘들 때 나에게 이런저런 얘기를 하고 나면 속이 시원하다고 해서 좋았다. 하지만 선우한테 상처받고 나서는 친구들의 힘든 얘기를 듣는 게 힘들고 피곤해졌다. 나도 가끔은 혼자 있고 싶다. 특히 집에서는 날 좀 혼자 내버려 뒀으면 좋겠다. 기분도 울적한데 잠이나 자자.

"수영아, 지금 마음이 어때?" 누워 있는 나를 보며 나무님이 말했다.

"저 오늘은 혼자 있고 싶어요. 배신당한 느낌이에요." 나는 속이 상해서 말했다.

"그래…. 배신당한 기분이 들었구나. 흠…. 수영아, 좀 속상하겠지만 저기 좀 볼래?"

눈을 뜨기 힘들 정도로 강한 빛. 점차 빛이 줄어 우주에 떠 있는 밝은 물체가 보였다.

"저게 뭐죠? 태양이에요?" 나는 나무님에게 물었다.

"그래, 태양이야. 태양은 모든 곳을 향해 계속 빛을 비춰. 빛이 필요 없을 것 같은 곳에도 구석구석 계속 빛을 보내지. 왜 태양은 빛을 낭비하면서 모든 곳에 빛을 보낼까?" 나무님은 나에게 되물었다.

"흠…. 그건…. 태양이 아니라서 저는 잘 모르겠어요." 나는 머리를 긁적이며 말했다.

"자, 봐봐. 태양은 빛을 보낸 만큼, 스스로 더 빛을 내. 그것도 아주 태연하게 빛나지."

그럼 어떤 빛이라도, 일단 보내면 태양에게는 도움이 되는 것이었다. 나무님은 입을 열었다.

"네가 태양이라고 생각해봐. 네가 보내는 빛을 받아들이지 못하는 사람이 생길 거야. 네 주변에 있을 수도 있고, 네 앞에서 사라질지도 모르지. 그렇지만, 수영이 네가 빛을 보낸 만큼 넌 스스로 빛을 내게 되어 있어."

"아~. 다른 사람이 어쨌든, 내가 스스로 빛을 내는 게 중요하다는 거네요?! 그렇지만 저는 그렇게 빛나는 사람이 아니에요." 나는 입을 삐쭉 내밀고 말했다. 자신감이 없었다.

내가 한 말을 우주에 메신저로 전송하려는 나무님을 붙잡고 나는 다급하게 말했다.

"아~. 아니에요! 취소, 취소! 저도 모르게 나왔어요. 저는 빛나는 사람이에요."

"더욱 용기를 내봐. 너는 좀 더 당당히 살아야 해. 설령 배신당했다고 할지라도 말이야. 배신하고 뒷말하는 사람이 나쁘고, 불쌍한 거야." 나무님이 날 보며 말했다.

"마음을 열었던 친구한테 배신당하니까 세상에 아무도 믿을 수 없는걸요." 나는 슬펐다.

"아무도 믿지 않으면, 배신당하거나 상처 입는 일도 없겠지. 하지만 그렇게 살면 너는 평생 혼자 살게 될 거야. '유리로 만든 감옥'에 갇힌 채 말이야." 나무님은 계속 날 보며 말했다.

우리 집도 이렇게 답답한데…. 좁은 곳은 진짜 싫었다. 나무님은 이어서 말했다.

"이번 일처럼, 억울하고 아픈 경험을 할수록 남을 더 이해할 수 있어. 네가 힘들어 봤기 때문에 좀 더 너그럽게 대할 수 있는 거지. 수영아, 설령 배신을 당해도, 너만 배신하지 않으면 돼. 너만 변하지 않으면 언젠가는 네가 보내는 빛을 알아주는 사람이 나타나. 그런 친구와 진짜 우정을 나눌 수 있어."

"그렇게 진짜 친구들이 생기면 저도 '인싸'가 될 수 있겠어요." 나는 다시 힘을 주어 말했다.

"인싸? 그건 무슨 단어래?" 나무님이 말했다. 나무님도 모르는 게 있다니 신기했다.

나는 나무님에게 '인싸'와 '아싸'에 대해서 설명해주었다. 우선 '아싸'는 아웃사이더(out+sider)의 줄임말인데, 무리에 잘 어울리지 않는 사람을 말한다. 반면에 '인싸'는 인사이더(in+sider)의 줄임말이고 친구들과 잘 섞여서 노는 사람을 말한다. 이젠 요약해서 설명도 하는 내가 기특하다.

"전 인싸가 좋아요! 인기 있는 사람이 될 거에요." 나는 말했다.

"그래? 네 얘길 들어보니, 어느 게 더 좋다는 건 아닌 것 같아. '인싸'든 '아싸'든 네가 되고 싶다면 언제든 될 수 있어. 하지만 이 세상에 인싸만 있으면 재미없을 것 같지 않아? 모든 사람은 개성이 있으니까 말이야."

나무님은 진지하게 받아들인다. 진지향이다.

"전 그냥… '인싸'가 더 좋아 보여서 한 말이에요. 인맥은 중요하니까요." 내가 말했다.

"많은 사람 속에 있는 사람이 늘 행복한 건 아니야. 지금 널 봐. '인싸'가 되려고 애들이랑 잘 지내려고 맞춰주기만 하니까, 혼자 충전할 시간이 없어서 힘들어하잖아."

"아~. 맞네. 그래서 내가 방전된 거구나…."

이 세상에는 두 종류의 사람만 있는 게 아니었다. 나무님이 웃으며 말했다.

"넌 '마싸(my+sider)'가 돼야겠네. 다른 누구도 아닌 '내'가 원하는 기준을 갖고 사는 사람 말이야." 우아, 역시 나무님은 나와 클라스가 달랐다.

"역시 모르는 게 없으시네요." 나도 내 기준을 바로 세우는 게 필요하다는 생각이 들었다.

"나만의 기준을 만들 때, 상황을 어떤 '관점'으로 보는지가 정말 중요해. 그 관점을 '안경'이라고 생각해보자. 네가 상황과 장소에 맞게 끄집어내서 쓰면 되는 거야." 나무님이 말했다.

완전 공감. 내 상황에 맞게 '안경'처럼 꺼내 쓰면, '아싸'도 '인싸'도 모두 좋았다.

"그래서 언제든지 꺼내 쓸 수 있으려면, 네가 먼저 알아야 할 것이 있어." 나무님이 말했다.

"그게 뭔데요?" 나는 눈을 초롱초롱 거리며 나무님을 보며 물었다.

"곧 알려줄게. 생각하는 근력도 키워봐." 나무님은 더 궁금하게 만들고선 훌쩍 가버렸다.

오늘의 감사일기

믿었던 친구에게 배신을 당했지만, 괜찮다고 이야기해주는 나무님이 있어서 감사합니다.

배신을 당해도 내가 배신하지 않으면 된다는 걸 알게 되어 감사합니다.

내가 태양이라는 것을 알게 되어 감사합니다.

나도 충전할 시간이 필요한 사람이라는 걸 알게 되어 감사합니다.

내가 원하는 모습을 안경처럼 꺼내 쓰면 된다는 것을 알게 되어 감사합니다.

알게 된 것을 조금씩 실천하려고 노력하는 나에게 고맙습니다.

마음이 건강해야 좋은 친구가 생긴다

무지개 안경을 꺼내서 긍정적인 마음으로 주변을 다시 보면 돼요.
관점을 바꾸는 거죠

멋진 뿔테 안경을 쓴 나무님이 얘기를 시작했다.

"전에도 말했지만, 이 세상에는 여러 사람이 있어. 모두 다양한 모습을 하고, 닮은 사람은 있어도 너와 똑같은 사람은 없지. 설령 쌍둥이일지라 도 어떤 '관점'인지에 따라 인생이 달라지기도 해. 그 관점을 '안경'이라고 생각해보면, 상황과 장소에 따라서 네가 꺼내 쓰면 돼!"

"상황에 맞게 '안경'을 쓴다는 건, 교과서 같아요. 실제론 어렵지 않을 까요?" 나는 물었다.

"그러니까 연습이 중요한 거야. 성장 노트는 잘 쓰고 있지?! 그게 다 연습이고, 훈련이라구. 성장 노트는 내가 만든 최고의 발명품이야! 66일 동안 네 것으로 만들면, 네 주변에 진짜 친구들만 모이게 될 거야." 안경을 올려 쓰며 나무님은 말해주었다.

성장 노트를 잘 쓰고 있다고 즐거워했을 때가 스쳐 지나갔다. 그 방심한 틈을 타서 성장 노트를 못 쓰는 일이 생겼다. 엄마의 밥상 구멍 사건 이후, 무슨 일이 생겨도 쓸 수 있게 늘 가방에 가지고 다닌다. 이런 작은 행동은 나답게 생각해낸 방법이었다. 그리고 나답게 실천하면서 상황에 휘둘리지 않는 방법도 조금씩 터득하게 되었다.

"주변 상황은 언제든지 바뀌지. 암흑 같은 검은색일 수도 있고, 우울한 파란색일 수도 있고, 너무 기쁜 노란색으로 보일 수도 있어. 그렇게 바뀌는 상황이 내 앞에 있을 때 '나는 어떤 안경을 써야 할까?'를 생각해봐. 이런 식으로, 세상을 긍정적으로 보려고 노력하는 것을 '무지개 안경을 쓴다.'라고 말해. 내가 선택한 관점에 따라서 내 주변이 달라 보이는 거지."
"무지개 안경을 잘 꺼내 쓰면, 진짜 '나다운', '마싸'가 되겠어요. 그게 진짜 건강한 거네요."

그럼, 선우 일은 어떻게 봐야 할까? 갑자기 스쳐 지나간 생각에 어깨부터 힘이 쭉 빠진다. 갈팡질팡 나다운 기준을 못 잡는 느낌이 들었다. 나다운 걸 모르는 걸 보니, 나는 아직도 홀로서기가 안 된 나무인가…?

내 생각을 알아챈 나무님이 말했다.

"아니지, 혼자서도 잘 설 수 있도록 성장하는 나무인 거지. 부정적인 생각이 너도 모르게 나올 땐 어떻게 하라고?"

"무지개 안경을 꺼내서 긍정적인 마음으로 주변을 다시 보면 돼요. 관점을 바꾸는 거죠."

"그래. 그렇게 다시 보면 마음이 변하기 시작할 테고, 네 말과 행동이 바뀌겠지. 그래서 마음먹기 나름이라는 말도 있잖아?"

선우가 계속 머릿속에서 뛰어다니는 것 같았다. 나무님에게 물었다.

"제가 특별히 잘못한 일이 없는데도 갑자기 친구 사이가 멀어지면, 어떻게 해야 할까요?"

"가장 확실하고, 좋은 방법이 있어." 나무님이 확신에 찬 목소리로 말했다.

"오~. 뭔데요! 알려주세요!" 확실한 방법이라니, 갑자기 눈이 커졌다.

"용기 내서 이유를 물어보는 거야. 모든 말과 행동에는 이유가 있거든. 그러면 의외로 그 친구는 그런 적이 없다고 하는 경우가 많아. 그리고 내가 상처 입을까 봐 무서워서 물어보지 못하는 경우는 더 많지. 그렇게 사이가 멀어진 채로 가만히 있으면, 상대방도 섭섭하게 생각하게 돼서 서로의 서운한 마음이 눈덩이처럼 커지기 시작하거든." 나무님이 답했다.

"그런데, 저는 지금 용기 내서 말하고 싶어도, 선우를 만날 수가 없어요." 나는 말했다.

"기회는 반드시 와! 그때를 놓치지 않게 준비하고 있으면 돼. 그러려면 잊지 말고 잘 기억하고 있어. 성장 노트에 잊지 않게 잘 적어둬도 좋겠지?" 나무님이 날 토닥이며 말했다.

그놈을 만났다

엄마가 야근할 때 필요한 서류를 가져오라고 해서 심부름을 하는 길이다. 이런 많은 사무실 중에 늦은 시간까지 불이 켜져 있는 건 엄마네 사무실뿐이다. 나였으면, 혼자 야근하는 게 무서울 텐데, 엄마는 강했다. 서류 더미에 얼굴을 파묻고 내가 온 줄도 모르던 엄마는 '고맙다.'라는 한 마디 말을 해주었다. 오래간만에 듣는 말이라 기분이 좋았다.

엘리베이터까지 날 바래다주던 엄마가 말했다.

"요새 이 근처에 노출증 환자들 많으니까. 이상한 놈 보이면 112 신고해 알았지? 신고해야 경찰들이 우리 동네가 위험한 사람이 많은 줄 알고 순찰을 더 많이 하거든."

"그 정도는 껌이지~. 내가 엄마 닮아서 세잖아. 걱정하지 마." 나는 엄마를 안심시켰다.

"그래, 그런 놈 보이면 거시기를 확 차버릴 텐데." 엄마는 발차기를 선보이며 말했다.

"엄마한테 맞으면 엄청 아프겠다." 엄마는 유도 · 합기도 · 태권도 유단자여서 걸리면 죽는다.

엄마랑 엘리베이터를 탔다. 15층에서 내려오는데, 10층에서 한 번, 6층에서 다시 한 번, 그리고 2층에서도 문이 열렸다. 시간이 부족한 엄마는 '닫힘' 버튼을 계속 누르면서 어떤 놈이 층마다 장난치냐며 짜증을 냈다. 엘리베이터 안은 환했지만, 문이 열린 층에는 불빛이 거의 없어 어두웠다. 마지막 2층 문이 열리고 멀리 검은색 모자를 쓴 사람이 서 있는 게 보였다. 엄마와 나는 그 사람을 쳐다봤다. 그런데 그 사람은 고개를 들지도 않고 있었다. 엄마는 얼른 '닫힘' 버튼을 눌렀다. 1층에는 아무도 없었다. 엄마는 집에 도착하면 연락하라며 급히 사무실로 들어갔다. 나는 집으로 가려고 몸을 돌렸다. 그 순간 몸이 굳어버리는 것 같았다. 놀라서 아무 생각도 나지 않았다.

아까 그 모자 쓴 놈이었다. 바지를 내리고 손으로 자위를 하는데, 나를 쳐다보며 웃고 있었다. 'ㅈㄴ 미친놈. ㅅㅂ 더러워.' 멍~때리는 상태에서 떨고 있는 내 손이 보였다. 그런 내 모습이 더 나를 당황하게 했다.

"여기 한국빌딩 1층인데요. 노출증 환자 있어요! 얼른 잡아가세요!!!"

112에 전화하는 사람이 보였다. 바로 선우였다. 그 모자 쓴 놈은 신고하는 선우를 보자마자 도망쳤다. 바지도 다 올리지 못하고, 퇴장하는 그 놈을 보면서 선우는 자위는 집에서 하라며 소리쳤다. 맛깔 나는 욕과 함께. 멀리 달아난 그놈이 사라진 뒤 경찰이 왔다. 나는 엄마에게 빨리 집에 가자고 졸랐다.

엄마는 선우랑 치킨 먹고 있으면 그동안 정리하고 내려오겠다고 했다. 경찰들이 주변 순찰을 강화하는 모습을 보고 나서야 우리는 마음이 놓였다. 그리고 우리는 치킨을 먹으러 갔다.

"와이파이처럼 우리 텔레파시가 통했나 보다. 너 아니었음 나 완전…. 윽~. 다시 생각해도 끔찍하다." 치킨을 먹으며 나는 선우에게 말했다.

"그러게 누가 자위하는 거 뭐라 한대?! 에티켓을 모르는 그런 놈 때문에 우리나라가 욕먹는 거야. 그지?" 선우가 닭 다리를 잡은 손으로 테이블을 '탁' 내리치며 말했다.

"야~! 너 그동안 뭐 했어? 왜 연락은 안 됐는데? 어어???" 나는 흥분해서 말했다.

"하나씩 물어봐…. 근데, 내 걱정해주는 건 너뿐이더라? 네 편지보고 눈물이 났어. 고마워."

"고마운 줄 알긴 아네…. 그런데 나 정말 너 만나면 궁금한 게 있어…. 내 뒷말하고 다닌 이유가 있어? 나랑 있을 때는 안 그랬잖아. 난 그 얘기 듣고 너무너무 속상했다구!"

나는 나무님에게 배운 대로 용기를 내서 물어보았다. 이유가 있었을 거 아니냐며 물어보기 시작했다. 뜻밖에 선우는 다른 이야기들을 해주었다. 오히려 중간에서 아이들이 오해하고 있었다. 뭔가 좀 후련해진 기분이 들었다. 이래서 '양쪽 이야기를 다 들어봐야 하는구나!' 이번 기회를 통해 알게 되었다.

"학교에도 갈 수 없고, 아빠랑 대화도 안 되고 힘들어서, 매일 밤 '이대로 영원히 잠들고 싶다.'라고 생각했어. 그때마다 네 편지를 봤는데, '절대로 죽으면 안 돼!'라고 하는 것 같았어. 고마워 수영아. 친구라고 부를 사람이 있다는 것은 진짜 행복한 일이야!" 선우가 말했다.

"야~. 죽는다고 절대~. 편해지지 않아. 우리 봤던 영화 〈신과 함께〉 기억나지? 그것처럼 고생길만 기다리고 있을걸? 근데, 너 어떻게 하다가 여기 있었어?" 나는 궁금해서 물었다.

"아…. 그건 담에 말하자. 나 폰 번호 바꿨어. 알려줄게."

우리는 어제 헤어지고 다시 만난 것처럼 신나게 이야기했다. 선우는 여전히 나를 공감해주었다. 그리고 내가 힘들 때 함께 있어 주었다. 나도 선우의 마음을 살필 줄 알게 되었다. 예전보다 내 마음이 조금 더 건강해졌나 보다. 이제는 서로가 더 좋은 친구가 된 것 같아서 뿌듯했다.

오늘의 감사일기

선우를 만날 수 있어서 감사합니다.

내가 먼저 친구 마음을 살필 줄 아는 사람이 되어서 감사합니다.

내 마음이 조금 더 건강해져서 감사합니다.

엄마와 무사히 집으로 돌아와서 감사합니다.

변태를 신고해서 주변 순찰이 강화되어 감사합니다.

선우와 오해를 풀 수 있어서 감사합니다.

- 3 -
나무님의 성장 수업 4교시

진짜 필요한 것은 나와 먼저 친구 되기

부모는 내가 선택할 수 없다. 하지만 친구는 내가 선택할 수 있다

여러분은 어떤 모습이 되고 싶은가? '인싸', '아싸' 모두 좋다. 원하는 모습이 되기 전에 정말 필요한 것이 있다. '나와 먼저 친구가 되는 것'이다. 즉, 홀로 설 수 있는 사람만이 좋은 벗과 함께 성장할 수 있다. 이번 시간엔 나와 친구 되는 방법에 대해 배워보자!

한겨울, 대나무 숲. 대나무 한 그루 한 그루가 하늘을 향해 쭉 뻗어 있고, 하얗게 내린 눈과 대나무의 초록색이 어우러져 더 멋진 풍경을 만든다. 그리고 땅속 깊숙이 뿌리가 서로 얽혀 있다. 함께 어우러져 사는 우리 모습과도 참 닮았다. 살면서 맺는 진짜 우정은 서로에게 의지하는 것이 아니다. 한 그루 한 그루가 혼자서도 잘 설 수 있어야 한다. '자립'해서 성장하는 나무가 다른 나무와도 잘 어울린다. 혹여나 매서운 추위가 와도, 뿌리를 더욱 깊이 뻗어 땅속에서 더 강한 연대를 만든다. 그렇게 모인 한 그루는 숲을 이루고 멋진 장관을 연출한다.

나답게 나의 친구가 되는 법

어떻게 해야 '나답게' 나와 친구가 될 수 있을까? 어떻게 해야 '홀로서기, 자립' 할 수 있을까? 물론 내 자존감이 높으면 좋겠지만, 나를 내가 어떻게 할 수 없는 일도 생긴다. 나는 괜찮다고 해도, 내 환경이 어쩔 수 없는 경우도 많이 있다.

결론은 하나다. 내가 강해져야 한다. 그래야 나답게 성장할 수 있다. 내가 강해지고 튼튼해지면 주변에 거센 바람이 불어도, 폭우가 내리거나, 폭설이 닥쳐도 견뎌낼 힘이 있기 때문이다. 마음을 먼저 정해야 한다. 내가 강해지자고 마음을 먹으면 그 긍정적인 방향으로 생각이 열린다. 나는 긍정적 사고 덕분에 점점 더 긍정적인 말과 행동을 하게 될 것이다.

수영이의 예를 살펴보자. 수영이는 초등학교 때부터 스스로 '내성적'이라고 생각했다. 그 성격을 단점이라며 싫어했다. 하지만 내성적인 부분을 인정하고 '어떻게 하면 나답게 나와 친구가 될 수 있을까?'를 고민했다. 나의 단점이라고 생각하는 부분을 '자각'한 것이다.

자각과 동시에 '인싸'의 모습을 원했다. 친구들도 많았으면 좋겠고, 좀 더 다양한 것을 배우고 싶고, 발표도 잘하고 싶었다.

수영이는 '어떻게 하면 좋을까?'를 계속 고민하면서, 조금씩 더 노력했다. 우선, 친구들에게 먼저 인사를 했다. 1mm라도 먼저 다가가는 마음으로 이야기했다. 발표할 때도 용기를 냈다. 이렇게 내가 원하는 방향으로 바꾸기 위해 노력하는 사람은 자연히 성장하게 되어 있다. 더욱더 놀라운 점은, 단점이라고 생각한 내성적인 부분이 배려하는 성격으로 더욱 빛나게 된 것이다. 그렇게 더 좋은 친구들이 주변에 많아지고, 함께 성장하게 되었다.

사실 '내성적인 부분'은 좋은 점이 많다. 차분하고 말을 조심해서 한다. 행동이나 말을 하기 전에 생각한다. 과장된 말은 거의 하지 않는다. 대화할 때 말을 끊기보다 주로 듣는다. 자신을 성찰하고, 반성하는 시간을 많이 갖는다. 이런 긍정적인 부분이 많이 있다. 하지만 우리는 늘 주변 사람들의 '너무 소극적이면 안 좋아, 사교성이 좀 있어야지.'라는 평가 때문에 나답게 나를 평가할 수 없었다.

즉, '내가 바꾸고 싶은 부분'을 자각하고, '내가 원하는 부분'으로 바꾸기 위해서는 '어떻게' 해야 할까? 늘 고민하고, 작은 것부터 실천해보는 것이다. 그 과정에서 나는 나와 가장 친한 친구가 되어 있을 것이다.

부모는 내가 선택할 수 없다. 하지만 친구는 내가 선택할 수 있다

'난 믿을 수 있는 진짜 친구가 없다.'라고 생각하는 사람이 있을 것이다. 예전 수영이도 그랬다. 그런 사람은 이렇게 생각해보자. '정말 좋은 친구가 생기려고 지금은 없는 것이다'. 그래서 나에겐 아직 없는 것이다.

늘 말하지만, 현재 내가 무슨 말과 행동을 하는지가 중요하다. 내 지금 행동에 따라 미래의 내 모습이 바뀌기 때문이다. 지금은 '스스로 평가해도 후회 없는 나'를 만들기만 하면 된다. 미래에 만날 좋은 친구와 잘 어울리는 사람이 될 수 있다.

전 세계가 인터넷으로 연결되는 사회에 우리는 살고 있다. 여러분은 글로벌 인맥을 만들고 선택하는 사람이 될 수 있다. 우정은 내가 정하는 것이다. 친구가 아니다. 따라서 지금 '평생 친구', '진정한 친구'가 없다고 해도 결코 초조해할 필요가 없다. 내가 성장하면 된다.

부모는 내가 선택할 수 없다. 하지만 친구는 내가 선택할 수 있다. 선택할 수 있다는 것은 '내가 선택한 결과에 책임을 지겠다.'라는 것을 포함한다. '그 사람을 알려면 그 친구를 보라.'는 말처럼, 친구는 나의 거울이다. 그래서 여러분은 부모님이나 선생님에게 '좋은 친구를 사귀어야 한다.'라는 말을 계속 들었을 것이다. '어떤 친구를 사귀는지'로 내가 큰 영향을 받기 때문이다.

주변 어른들은 나쁜 친구와는 가까이 지내지 말라고 한다. 이때 '나쁜' 의 기준을 나답게 보는 안목을 기를 필요가 있다. 예를 들어 "쟤는 나쁜 친구야. 사귀지 마. 너까지 머리가 나빠진다."라는 말을 들었을 때 '머리 가 나쁜 친구는 진짜 나쁜 친구일까?'를 '나의 기준'에서 다시 생각해봐야 한다. 사람의 인생은 성적만으로 정해지는 것이 아니기 때문이다. 인생 의 긴 여정을 보았을 때, 머리가 나쁘다고 해서 그가 나쁜 사람이라고는 절대 말할 수 없다. 머리가 좋다, 나쁘다는 대단한 문제가 아니다. 성적 만으로 모든 것을 평가하는 것이 진짜 '나쁜' 것이다. 오히려 그 고정관념 이 더 큰 문제다.

함께 배우면서 성장할 수 있어야 진짜 친구다

성적보다 이런 장점이 있는 사람을 '좋은' 사람의 기준에 두자. 말과 행 동이 일치하는 사람, 긍정적인 사람, 확고한 신념을 가진 사람, 한 번 정 한 것은 반드시 해내는 사람, 말과 행동에 책임질 줄 아는 사람. 이런 사 람은 사회에서도 '좋은' 영향력을 발휘하는 경우가 많다. 그러므로 친구 의 장점을 발견하고 배우자. 나이가 많든 적든 그 친구는 나의 멘토, 스 승이 된다.

물론 단점이 많은 사람에게도 배울 것이 있다. '나는 저렇게 하지 말아 야지.'라는 점을 배우는 것이다. 쓸데없이 시간을 허비하고, 매일 술을 마 시거나, 사람들을 괴롭히고, 약물이나 도박에 빠지는 모습 말이다.

내가 나에게 좋은 친구가 되었다면, 이제 다른 친구들에게 좋은 친구가 될 차례이다. 좋은 사람 주위에는 좋은 사람이 모여드는 법이기 때문이다. 철강왕 카네기는 자신을 '나보다 우수한 자를 주위에 모여들게 한 사람'이라고 말했다. 좋은 친구, 성장하려는 사람과 사귀면 자신도 점차 향상된다.

우리는 여러 친구를 만난다. 학교에 같이 가는 친구, 같은 반 친구, 같은 동아리 친구, 같이 밥을 먹는 친구. 그러는 가운데 최고의 친구는 같은 목적을 향해 나가는 친구이다. 특히 하나의 목표를 향해 함께 가는 우정만큼 아름다운 것은 없다. 부모와 자식, 부부, 연인 관계 이상으로 아름답다.

우리는 숲을 이루는 나무 한 그루가 '자기답게' 성장하는 것 자체가 아름답다는 것을 배웠다. 여러분의 '성장 노트'를 펴서 매일 나에게 확언을 들려주자. 자꾸 잊어버린다면 잘 보이는 곳에 붙여두자. 작은 종이에 적어 폰 케이스에 넣고 자주 보면 더욱 좋다. 그것도 안 보게 된다면 홈 화면이나 배경화면에서 볼 수 있게 해보자. 자주 들여다 보는 게 중요하다.

매일 '감사'를 외치며 한 걸음 한 걸음 앞으로 나아가자. 왼쪽 한 걸음에는 '감사합니다!', 오른쪽 한 걸음에는 '사랑합니다!'를 외쳐도 좋고, 여러분이 원하는 긍정적인 말을 번갈아 할 수도 있다. 나에게 매일매일 말을 걸어보자. 그렇게 '나와 가장 친한 친구가 된 사람'은 주변의 좋은 벗과 함께 더욱더 아름다운 숲을 이룰 것이다.

- 4 -

사랑에도 공부가 필요하다

사랑은 타이밍이다. 그 타이밍은 내가 만드는 것이다

체육 시간, 축구를 했다. 이다윤 그 녀석이 자꾸 뒤에서 나를 쳤다. 손으로 머리를 툭! 어깨로 어깨빵을 툭! 나는 머리 때리는 게 가장 기분 나빴다. 나는 샘에게 기분 나쁜 저 녀석을 혼내주라며 도움을 청했다. 샘이 이다윤을 불렀다.

"이다윤, 너 수영이 좋아하냐? 왜 이렇게 툭툭 건드려?"

샘이 말했다. 나는 기분이 이상했다. 샘은 왜 괴롭히는 걸 좋아한다고 말하는 거지?

결국, 샘이 억지 사과를 시켰다. 그 녀석의 영혼 없는 "미안."을 들었다. 쿨한 척 넘어갔지만, 기분이 계속 불편했다. 뭔가 '척'하고 넘긴 내가 싫어지기도 했다. 그때, 그 녀석 패거리들이 키득키득하면서 뒤에서 자꾸 수군댔다. 결국, 난 화가 나서 쏘아붙였다.

"좋아하면 괴롭히는 거라고? 완전 어이없어. 그냥 싫으면 싫다고 하고, 좋으면 좋다고 말해!" 내가 화난 걸 듣고 그 녀석이 말했다.

"일부러 한 거 아니거든, 웹툰 따라 한 건데 예민하게 그러냐?! 이럴 땐 꼭 계집애 같네."

"아오~! 너 지금 나랑 한 판 붙을래? 아님, 그냥 꺼질래?"

"아, 녜~. 제가 져 드리지요."

두 손 모아 공손한 척, 말투는 더 재수 없이. 그 녀석은 친구들과 순순히 꺼져 주었다. 주변 애들이 그 녀석한테 팔로 툭툭 치면서 뭔가를 이야기했는데, 무슨 뜻인지 알 수 없었다. 관심을 더 두고 싶지 않았다. 그렇게 수업이 끝나고 교실로 돌아왔다.

보건 시간, 오늘의 주제는 '청소년의 이성 교제는 바람직한가?'였다. 연애에는 관심이 없던 아이들도, 토론하는 아이들 이야기를 들으며 재미있어했다. 내 뒤에 앉은 그 녀석과 같은 모둠이라 나는 반대, 그 녀석은 찬성 입장에서 이야기하게 되었다. 그 녀석이 말했다.

"이성 교제는 좋습니다. 이성 교제를 하면 기분이 좋아지기 때문입니다. 왜 좋은가 하면…. 잘 보이려고 멋지게 하고 만나기 때문입니다."

"그럼, 이다윤 학생은 '남에게 잘 보이기 위해' 외모를 꾸미는군요?" 내가 물었다.

"네~. 솔직히 말하면요. 멋진 모습으로 만나면 나도 기분이 좋아지니까요. 그렇지 않나요?"

"외모 말고도 다른 것을 봐야 한다고 생각합니다." 나는 되받아쳤다.

"이성 친구에게 더 잘 보이려고 더 열심히 공부할 수 있습니다. 더 열심히 공부하고 연애도 하면, 다양한 경험을 하므로 이성 교제는 바람직합니다." 그 녀석은 열변을 토했다.

"이성 친구에게 잘 보이려고 더 열심히 공부할 수 있겠죠. 하지만 공부할 시간을 뺏기는 경우가 더 많다고 생각합니다." 나는 반대측을 맡았을 뿐인데 감정이입이 되었다.

"모르는 걸 서로 알려주면 성적이 더 오르지 않을까요?" 그 녀석이 말했다.

"연애할 때, 공부보다 딴짓하는 경우가 더 생기기 때문에 저는 반대합니다. 그리고 돈을 많이 씁니다. 그래서 더 반대합니다." 나도 지기 싫어 반박했다.

"돈은 서로 반반 부담하면 되지 않나요?" 그 녀석이 물었다.

"반반 부담해도 챙겨야 할 기념일이 계속 생겨서 돈 쓸 일이 많아진다고 생각합니다."

토론이 끝날 기미가 보이지 않자, 보건샘이 토론 내용을 정리해주었다. '사랑을 하는 3가지 방법'을 이야기하면서 마무리해주었다.

1. 사랑은 타이밍이다. 그 타이밍은 내가 만드는 것이다.
2. 연애란? '좋아해'에서 '사랑해'로 가는 여행이다.
3. 사랑에도 공부가 필요하다.

"우선, 사랑은 타이밍이에요. 모쏠(모태솔로)이든, 지금은 솔로이든 괜찮아요. 오히려 내가 나를 사랑하고, 내가 성장하는 시간을 가지면 되니까요. 그럼 자연스럽게 여러분에게 어울리는 사람이 올 거예요."

두 번째, "연애란? '좋아해'에서 '사랑해'로 가는 여행이다."를 가리키며 샘이 말을 이었다.

"사춘기 연애는 자연스럽게 생길 수 있다고 생각해요. 그리고 연애에 관심이 없다고 해도 괜찮아요. 다양한 사람이 있어서 세상은 더 가치 있는 거예요. '나만 다른가?'라고 해서 속상해하진 않았으면 해요. 처음 서로에 대해 호감이 있는 것을 '좋아해.'라고 해요. 조금 작은 '바다'라고 비유해 볼게요. 두 사람이 '좋아해'에서 출발해서 진짜 사랑을 향해 함께 가요. 가장 큰 바다인 '사랑해'로 갈지 말지 살펴보는 여행이에요. 그렇게 매일 걷는다면 최종 목적지인 '사랑해'로 결국 가게 돼요. 그럼 '사랑'의 의미는 뭘까요?"

보건샘의 이야기를 들으며 사랑은 뭔가 좋아하는 것보다는 좀 더 깊은 느낌이 들었다. 샘은 좀 더 목소리에 힘을 주면서 계속 말씀 해주었다.

"사랑은 상대방의 어려움마저 함께 짊어지는 거예요. 그러니까 좋아하는 감정보다는 더 힘들 수 있어요. 사랑하니까 기꺼이 짊어지는 거죠. 여러분이 연애하면서 지치거나 힘들면 '내가 상대방의 가장 힘든 부분까지 나눠서 함께 갈 수 있는지'를 다시 한 번 생각하면 좋겠어요. 사랑 여행을 하다가 너무 힘들 땐 조금 떨어져 걸을 수 있고, 헤어질 수 있어요. 다음에 이야기하겠지만 '잘 헤어지는 것'도 중요해요."

점점 '진지 모드'로 가는 느낌이 있었지만, 나쁘지 않았다. 내가 아직 모르는 뭔가 더 깊은 세계가 있는 느낌이랄까? 세 번째 "사랑에도 공부가 필요하다."를 가리키며 말씀하셨다.

"마지막으로 사랑에도 '공부'가 필요해요. 여기엔 수학 공식보다 더 중요한 3가지 공식이 있는데, 조금만 생각해보면 다 알 수 있는 거예요. 연애도 사람을 사귀는 기본이니까요.
　- 가장 필요한 '기술'은 '잘 물어보기'에요. '서로 너무 잘 알아.'라고 하는 커플일수록 잘 물어보기 기술을 연습해야 해요. '쟤는 당연히 이렇게 생각할 거야.'라고 생각하지 않고, 매번 잘 물어보는 것이 중요해요. 사람은 언제나 변하는 게 자연스러운 거니까요. 특히 스킨십을 잘하고 싶다면 잘 물어보는 방법을 배우는 게 중요해요.

– 가장 필요한 '이론'은 '우리다움'이에요. SNS나 드라마, 웹툰을 보고 따라 하지 말고, '우리답게' 만들어 가는 게 중요해요. 모든 사람이 만족하는 연애 방법은 없으니까요.

– 가장 필요한 '사람'은 '행동하는 사람'이에요. 이론을 잘 배워도 실천하지 않는 사람은 사랑할 자격이 없어요. 서로를 존중하는 행동을 하는 사람과 연애를 하는 게 중요해요."

날씨가 추워지니 손을 꼭 잡고 걸어가는 커플들이 많이 보였다. 오늘 사랑 공부를 해서 그런가? 흐뭇하게 지켜보기도 하면서 내 손이 춥게 느껴지기도 했다. 선우를 만나러 공원에 가는 길. 멀리서 강아지와 산책하는 그 녀석이 보였다. 공원에 자주 산책하러 나온다고 했다. 하얀색 작은 사모예드였다. 나는 강아지를 보며 그 녀석에게 물었다.

"와~. 완전 하얘. 얘 이름은 뭐야?" 내 볼에 얼굴을 부비는 강아지가 너무 귀여웠다.

"복덩이." 그 녀석이 강아지를 만지며 답했다.

"이름도 귀엽다. 나 강아지 엄청나게 좋아하는데." 웃음이 났다. 그 녀석과 눈이 마주쳤다.

"응. 나도 좋아해. 한수영, 있잖아…. 사실 나… 너 좋아해." 그 녀석이 수줍게 말했다.

"어???" 나는 잘못 들었나 싶었다. 순간 얼음…. 눈이 커지고 가슴이 콩닥콩닥 뛰었다.

"네가 말했잖아. 좋으면 좋다고 말해야 한다고." 이 녀석은 기억력도 좋다. 그걸 기억하다니.

"아…. 네가 날 좋아하는 줄도 몰랐어. 싫어하는 줄 알았는데?" 솔직한 내 마음을 말했다.

"그래서 제대로 얘기하는 거야…. 나 너 좋아. 우리 사귈래?"

"(좀 당황스럽다….) 나 생각할 시간이 필요해."

연애는 내가 좋아하는 사람을 사랑할지 아닐지를 살펴보는 여행이라고 했던 말이 생각났다. 나무님이 내 옆에 있다면 무슨 얘기를 해주었을까? 그동안 계속 신경이 쓰였던 그 녀석이었다. 나는 곰곰이 생각해보다가, 사귀면서 좀 더 알아보고 싶은 생각이 들었다.

"그래! 사귀자!"

오늘의 감사일기

좀 더 알고 싶은 사람이 생겼어요. 고맙습니다^^

내 말을 기억해 준 사람이 있다는 것에 고맙습니다.

같이 좋아하는 것에 대해 알게 되어서 감사합니다.

'모쏠'을 탈출하게 되어서 고맙습니다.

사랑에 대한 의미를 알게 되어 고맙습니다.

사랑은 타이밍이라는 걸 실천해볼 수 있어서 감사합니다.

- 5 -

여자도 야동 보면, 왜 안 돼?

도구가 아닌 '사람'으로, 서로를 보는 관점이 중요해.
그리고 우리는 모두 자기 몸의 주인이어야 해

선우는 다시 학교로 돌아왔다. 우리는 시험을 준비하고 있었다. 선우네 집에서 시험공부를 하고 있던 그때, 노트북으로 자료를 검색하다가 자꾸 움직이는 배너 광고가 눈에 띄었다. 야동에서 봤던 것처럼 여자는 엎드려 있었고, 남자는 그 위에 있는 채 계속 움직이는 광고였다. 선우에게 '이것 좀 보라'며 뒤를 돌아보았다. 그때 문을 열고 들어온 선우네 오빠, 태경 선배랑 눈이 마주쳤다. 으악~! 얼굴이 순간 홍당무가 되었다.

"오빠! 노크하고 들어와야지." 선우가 말했다. 선배도 이어서 말했다.

"미안, 문이 열려서…. 근데 너희들 프라이버시는 지키면서 봐. 나도 놀랐잖아."

"알았으니까, 우리 프라이버시 좀 지켜줄래?" 선우는 선배를 내쫓으며 말했다.

"선우, 할 말 있으니까 이따 아빠 오면 같이 얘기 좀 하자."

나는 놀란 마음을 진정하고 나서야 선우에게 말을 건넸다.

"선우야, 너는 야동 본 적 있어?"

"야동? 궁금해서 몰래 봤었지. 여자들이 야동 자주 보면 어떤 얘기 듣는 줄 알아?"

"여자들도 야동 볼 수 있지 뭐…. 왜 뭐라고 하는데?"

"내가 야동 많이 본다고 소문나니까 창X, 걸레, 섹스하려고 야동 보냐, 성매매한다는 소리까지 들은 거 아니겠어? 진짜 어이없어. 남자들이 야동 많이 보면, 영웅이라도 된 것처럼 자랑스럽게 이야기하는데 말이야…. 완전 차별이지 않냐? 내가 얼마나 억울했는데."

"헐…. 정말 억울했겠다. 그것 때문에 힘든 줄 몰랐어, 몰라서 미안해."

"그래서 내가 학교 안 가는 동안 야동 공부를 좀 했지." 선우가 자랑스럽게 말을 꺼냈다.

"야동 공부?ㅋㅋ 야동도 공부해야 하는 거야?" 나는 신기해서 물었다.

선우는 마치 선생님이 된 것처럼, 펜을 들고 벽을 가리키며 이야기하기 시작했다. 선우샘 왈, '야동'은 장난처럼 쓰는 단어이므로 '음란물'로 쓰라고 하셨다. (나도 모르게 존칭이….ㅎㅎ) 또 장난처럼 쓰는 '몰카'도 '불법 촬영'으로 바꿔야 한다고 강력히 외치셨다. 장난이 아닌 불법인 '범죄'라고 힘주어 주장하는 모습이 독립투사 같았다.

"특히 국산은 완전 불법 촬영물이야. 올리는 사람은 분명 있는데 피해 자인 여자친구 모습만 적나라하게 표현되는 거 있지? 둘이 사랑할 때 찍은 거니까 즐겁게 즐기는 여자의 모습만 보고, 또 '밝힌다.', '걸레.'라며 댓글을 다는 거야~." 선우가 텐션을 올리며 말했다.

"아오~. 열 받아! 사랑했던 여자친구를 어떻게 그렇게 물건 쓰고 버리듯이 대할 수 있지? 치사하게 자기들 얼굴은 절묘하게 편집한 채 올리고, 그걸로 돈 벌고, 진짜 욕 나오네."

음란물을 본 사람들에게 보는 이유를 물어보았는데, '성관계에 도움이 되니까, 자위할 때 보려고.'라는 대답이 많았단다. 선우는 이건 핑계일 뿐이라며 열변을 토했다. 쉬운 예로 동물은 야동을 보지 않고도 짝짓기(성관계)를 한다. 그러므로 사회적 동물인 사람도 야동을 보지 않더라도 사랑을 나눌 수 있다. 동물도 할 수 있는 사랑하는 사이의 성관계는 '서로의 사랑을 나누는 것'이 핵심이다. 그래서 성관계를 몸의 대화라고도 부르는 것이다. 대화니까 아주 쉽다. 스킨십이 '불편하다.'라고 하면 멈추고, 싫다고 하면 '싫어하는구나.'라고 받아주고, 아직 '준비가 안 되었다.'라면 기다려줄 수 있어야 사랑이고 진짜 상대방을 존중하는 것이었다.

"이런 건 어디서 배웠어? 야동… 아니 음란물에선 이런 거 없잖아." 내가 물었다.

"노브라 사건 겪고 나서, 청소년 인권에 관해 관심이 생겼어. 찾다 보니까 청소년들을 위해 운동하는 단체도 있더라구. 십대들이 만든 〈십대섹슈얼리티인권모임〉이 있었는데, 안타깝게도 2018년도에 해산됐구…. 요즘은 〈십대여성인권센터〉에서 배우거나 유튜브로 이것저것 찾아봤지. 처음엔 여자들만 인권 운동을 하는 줄 알았는데, 남자들도 피해자를 돕는 사람이 있더라고, 진짜 멋있었어. 야동이 잘못됐다고 올리는 개념 있는 유튜버도 있어."

그러고 보니 선우가 좀 바뀐 것 같았다. 욕도 거의 안 쓰고, 말할 때 자신감도 넘쳤다. 역시 진짜 공부는 몸으로 배워야 했다. 배우의 몸과 체위만 나오거나, 사랑하는 척하면서 한 사람의 성욕만 채우려는 그런 폭력물은 싫었다. 음란물 대신 교감이 느껴지는 그런 로맨스 영화가 좋았다. 그런 의미에서 우리는 이번 시험이 끝나고 진한 로맨스 영화를 보기로 했다. 시험이 빨리 끝났으면 좋겠다. 밥 먹고 다시 공부하려니 잠이 쏟아져 온다.

"오늘, 완전 흥미 있는 공부를 했구나! 그게 진짜 성장 수업이지!!" 나무님이 말했다.

"사랑 공부했어요. 근데 왜 여자가 음란물 보면 더 비난받을까요?" 억울해서 나는 물었다.

"고정관념 때문이지. 보통 스킨십 할 때 리드하는 건 누구라고 생각할까?"

"남자죠. 그것도 여자 먼저 할 수 있는 거 맞죠?" 나는 확인하고 싶어 나무님에게 물었다.

"그래. 하지만 음란물을 계속 보는 사람이나 주변에 중독자가 많으면 고정관념이 계속 있겠지? 그런 고정관념이 성관계에선 남자를 즐기도록 도와주는 존재가 여자라고 생각하게 해."

여자는 남자를 위한 도구로 생각하는 것 같아 기분이 나빴다. 리얼돌이 생각났다.

"리얼돌 뉴스 봤어요? 근데 여자는 사람이지, 인형은 아니잖아요."

"그래, 여자든 남자든 모두 사람이야. 도구가 아닌 '사람'으로, 서로를 보는 관점이 중요해. 그리고 우리는 모두 자기 몸의 주인이어야 해."

"난 내 몸의 주인이라 생각하는데, 날 도구로 생각하는 사람과 사귄다면…. 끔찍해요."

"고정관념이 강한 사람일수록, 음란물에 중독된 사람일수록, 현실에서 성적 욕구를 해소하도록 도와줄 무언가를 찾기도 해. 모든 사람이 그런 건 아니지만, 내 사랑하는 사람이 음란물 중독인지, 아닌지를 구별할 줄 알면 좋겠지?"

나무님은 칠판에 뭔가를 적기 시작했다.

음란물 중독 4단계

1단계 호기심으로 음란물을 보게 된다. 다시 보려는 욕구가 나타난다.

2단계 점점 더 자극적인 영상을 찾고, 보게 된다.

3단계 음란물의 비정상적인 성행위를 'ㅇㅂㅎ'해서 생각한다.

4단계 실제 경험하고 싶은 욕구를 느낀다. 성욕을 조절 못 해 상대방 동의 없이 성행동을 하게 되면 성범죄가 발생할 수 있다.

4단계는 미국 심리학자 빅터 클라인의 연구 결과라고 하니 신뢰가 갔다. 우리는 함께 살펴보았다. 우선 1단계, 호기심에 음란물을 보는 단계. 직접 보니 놀라기도 하지만 다시 보고 싶은 욕구가 올라온다면 다음 단계로 간다. 2단계는 음란물을 자주 보면서 더 자극적이고, 강하고, 선정적인 영상을 찾게 된다. 2단계 이상의 중독이 되는 사람들은 전에 보던 음란물에 만족하지 않고, 더 폭력적이고 변태적인 영상들을 보며, 이때 오히려 이상하고 괴기한 영상들이 조회 수를 많이 올린단다. 그게 다 돈으로 연결되니… 이게 가장 문제다. 3단계는 가장 중요한 변화가 시작된다. 중요하니까 더 생각해보라며 초성 힌트를 주었다.

"음란물의 비정상적인 성행위를 'ㅇㅂㅎ'해서 생각한다." 음란물에서 사람들의 말과 행동이 실제 일상에서도 일어난다고 착각하는 단계였다. 힌트! 나무님은 부분을 가지고 전체처럼 생각하는 거라고 말해주었다. 아하! 일반화였구나. 유튜브나 웹툰에 보면 이런 잘못된 일반화를 찾아볼 수 있었다. 음란물 계속 보면 잘못된 '일반화' 때문에 일상에서 만나는 여자 친구·누나·동생·선생님·엄마까지도 음란물 속 여성과 착각할 수 있다고 한다. 다윤이 음란물 3단계는 아니겠지? 이렇게 미리 생각하는 것도 내 착각일 수 있으니 조심해야겠다.

마지막 4단계는 음란물에서 나온 장면을 따라 하고 싶어 스킨십을 시도하거나 성폭력을 일으킬 수 있는 단계이다. 자위를 넘어서 상대방에게 폭력을 일으키는 게 문제였다! 다윤이도 음란물 볼 것 같은데?! 이따 공원에서 만나기로 했으니, 몇 단계인지 얘기해봐야겠다.

"다윤아! 복덩이는 어디 갔어?" 내가 물었다.

"아, 다쳐서 병원에 갔어. 떨어졌는데 골절은 아니고 살짝 삐었나 봐."

"얼른 나아야겠다. 다윤아, 궁금한 게 있는데. 물어봐도 돼?"

"뭔데 이렇게 뜸 들여? 너 뭔가 찔리는 거 있냐?" 다윤이는 째려보며 말했다.

"아니 찔린다기보다 오늘 배운 게 있는데, 궁금해져서…. 너도 음란물 봐?"

"야동? 자주 보지. 애들이랑 보기도 하고." 다윤이가 웃으며 말했다.

"음란물 자주 보면…. 걱정된다. 이다윤." 나는 째려보며 말했다.

"야~. 남자가 야동 보는 게 어때서!? 건강한 거야. 그러는 너는 여자가 야동 보고 다니냐?"

"너 자꾸 남자가, 여자가 그럴래?" 나도 목소리가 커졌고, 결국 말싸움이 되었다.

나의 의도와는 전혀 다른 방향으로 흘러가서 아쉬웠다. 그래도 성에 관해서 이야기할 수 있다는 것 자체가 아주 큰 발전이었다. 나에 대해 알게 되고, 다윤이에 대해 알게 되는 게 좋았다. 이제 곧 100일이다. 어떻게 보낼까?

오늘의 감사일기

선우랑 같이 시험공부 할 수 있어서 고맙습니다.

선우랑 성을 주제로 공부하게 되어서 감사합니다.

나무님과 음란물 중독을 공부하게 되어서 감사합니다.

성에 대해 다윤이와 이야기하게 되어 감사합니다.

다윤이랑 이야기하려고 용기 낸 나에게 고맙습니다.

고정관념에 대해 알고 조금씩 구별하는 나에게 감사합니다.

음란물 중독에 대한 상담을 받을 수 있는 기관 (채팅 상담이 가능하다)

탁틴내일 : http://www.tacteen.net/sub040201t

푸른아우성 : http://pjj.aoosung.com/pjj/

- 6 -

사랑은 없고, 섹스는 있다

'상대방이 원해서 그냥 어쩌다 보니 한 첫 경험'은 '사랑은 없고, 섹스만 있는 거랑 똑같아.' 나는 없고, 내 몸을 원하는 그 사람만 있는 거지. 그건 사랑이 아니라 폭력이야

"우리 100일 때 뭐할까? 하고 싶은 거 있어?" 내가 다윤이에게 물었다.
"내꺼~♡ 오빠가 다 알아서 해. 걱정하지 마! 나만 믿어."
"됐거든. 난 사람 잘 안 믿어. 뭐 하고 싶은지 물어보지도 않냐?"
"그런 거 물어볼 필요도 없이 오빠가 다 알아서 해. 넌 그냥 따라와."

'내꺼♡'란 애칭도 생겼다. 사실 이름 부르는 게 좋은데, 다윤이가 하고 싶다니까 그냥 됐다. 연말이 되니 분위기가 아주 사랑스럽다.

연인들이 다정하게 걷는 모습, 기분 좋은 캐럴 소리. 여태껏 크리스마스는 챙겨본 적도 없는데, 남자친구 생겼다고 커플룩도 찾아보았다. 근데 커플룩 여자 옷은 다 치마인 거야. 이쁘긴 한데… 치마는 불편하다.

"수영아, 너희 이제 100일이지? 뭐 하기로 했어?"
"야~. 자기가 다 알아서 한다고 묻지도 말고 따라오기만 하래."
"그런 말은 좀 그렇다? 같이 준비해야지. 수영아, 너 사귀는 거 다윤이가 처음이지?"

연애 박사 선우는 스킨십 진도를 물었다. 너무나도 자연스럽게 물어봐서 나는 바로 답했다.

"우린 뽀뽀만 했지. 그건 왜 물어보는데?" 내 볼이 빨갛게 변하는 게 느껴졌다.
"경험에 의하면… 100일에는 진도를 더 나가거든, 너희 스킨십에 대한 얘기는 해봤어?"
"아니, 지난번에 음란물 이야기할 때도 겨우 이야기했는데?!"
"그 녀석 주변에 바람둥이 친구들도 많아서 코치 받을 수도 있어."
"그런 친구가 많다고? 나도 너한테 이렇게 이야기 듣는 것처럼?"
"야~. 나는 바람둥이는 아니거든. 사랑할 때는 한 사람만 진심으로 사랑한다구!"
"아니, 널 바람둥이라고 말한 건 아니었어. 오해야~. 미안해."

스킨십을 미리 준비해야 한다는 선우의 말에 나는 상상을 하게 됐다. 드라마에서 보는 것처럼 달콤한 음악이 나오는 느낌일까? 어디에서 하게 될까? 정말 환상적이겠지?

"뽀뽀는 해봤다고 했으니, 그다음이겠구나. 아닌 사람들도 물론 있지만 내가 만난 사람들은 안으면 뽀뽀하려고 하고, 뽀뽀하면 만지고 싶어 하고, 만지면…."

"야~! 너무 앞서서 생각하는 거 아니야? 다윤이 알고보면 엄청 착해."

"암~. 착하지. 그러니까 준비가 돼 있어야, 그 상황이 왔을 때 선택할 수 있거든!"

"내가 선택한다고? 뭘???" 나는 정말 아무것도 모르나 보다.

선우가 힘주어 말을 시작했다.

"스킨십은 걔가 아니라 네가 결정해야 해. 이건 정말 중요해!!! 별 다섯 개야. 스킨십은 손잡는 가벼운 것부터 시작해서 섹스까지 정말 다양하고 넓어. 손을 잡든, 섹스를 하든, 걔도 원해야겠지만, 네가 원하는 게 더 중요한 거지."

"그건 알지, 근데 나한테 스킨십하기 쉽겠어? 잘 안 되지. 그때 뽀뽀하다가도 내가 당황스러워서 그 녀석 정강이를 차버렸지 뭐야. 미안하긴 했는데, 갑자기 들이대니까 놀라서 반사적으로 발이 올라가더라고. 운동신경이 너무 좋아 버렸지."

"그럼 너는 어디까지 하고 싶은데?!"

질문을 받고 나는 생각했다. 좋아하는 건 맞는데 스킨십은 아직도 부담스럽다. 키스하면서 몸을 만지는 것도 나중에 생각하고 싶었다. 그리고 섹스는 무서웠다. 선우가 먼저 말했다.

"보통 여자들은 첫 섹스를 어떻게 시작했는지 물어보니까. 뭐라고 대답한 줄 알아?"
"오~. 뭐라고 대답했어? 처음 하면…. 어떤 느낌일까?" 내가 물었다.
"현실은 좀 달랐데. '어쩌다 보니…했다.', '잘 모름.' 이런 대답이 많았다는 거야. '상대방이 원해서 그냥 어쩌다 보니 한 첫 경험'은 '사랑은 없고, 섹스만 있는 거랑 똑같아.' 나는 없고, 내 몸을 원하는 그 사람만 있는 거지. 그건 사랑이 아니라 폭력이야. 그러니까 네 선택이 더 중요해. 너 첫 경험을 '어쩌다보니 하게 된 경험'이 되길 바라지는 않잖아. 그지?"

당연했다. 그냥 그런 첫 경험보다는 소중한 느낌이었으면 좋겠다.

"너는 아직 첫 경험을 해보지 않았으니까, 잘 선택할 수 있어." 선우가 말했다.
"너 경험해봤구나!!!" 내 두 눈이 휘둥그레졌다.
"애들 들어~. 조용히 말해ㅋ 그래서 너한테는 첫 경험을 제대로 선택하게 도와주고 싶어."

선우는 의미심장한 말을 덧붙였다.

"나는 아무리 재밌는 여행도, 다른 사람이 짠 여행은 별로 기억에 남지 않아. 따라가기 바쁘고, 한 건 없어도 너무 지쳐. 하지만 내가 준비한 여행이라면, 잊지 못할 소중한 기억들이 남더라. 오히려 여행이 힘들면 더 의미 있는 추억이 됐어. 수영아, 나랑 같이 여행하자! 지금처럼 이야기하고 속 이야기도 하다 보면, 소중한 기억들이 많이 남을 거야."

드디어 100일 왔다. 나는 고민하던 커플룩을 결국 샀다. 용돈을 모으고 모아 산 옷이라 더 기분이 좋았다. 다윤이도 맘에 든다고 해주었다. 오늘 우리는 그 옷을 입고 만나기로 했다.

"키 때문에 원피스가 미니스커트 됐잖아! 담부턴 치마 입지 마."
"내가 더 불편하거든. 다신 치마 입나 봐라!" 나도 짜증이 나서 말했다.
"내꺼♡ 자, 이거 걸쳐~!" 나에게 입던 자켓을 건네주었다. 리그전 때가 생각났다.

우리는 추운 줄도 모르고 손잡고 걷고 또 걸었다. 레스토랑 가서 밥도 먹고, 100일 기념으로 와인도 마셨다. 해롱해롱~. 기분이 좋았다. 어른이 된 것 같았다. 다윤이한테 커플링도 선물 받았다. 이러니까 사귀는 거구나. 새삼 100일까지 간 우리가 기특했다. 그런데 치마에 안 신던 구두까지…. 나는 발이 아파 결국 다리를 절뚝거리기 시작했다.

다운이는 룸카페로 가서 영화 보고 맛있는 것을 먹자고 했다. 아~. 들어가서 좀 쉴 수 있겠다. 나는 처음 가는 곳이라 신이 나서 말했다.

"우아~. 여기 짱이다. 넷플릭스도 무제한이야."
"좋지? 여기 와플이랑 떡볶이도 맛있대." 다운이가 신나서 말했다.
"오~. 그것도 먹고 영화도 볼까?" 나도 덩달아 신이 났다.

우리는 액션 영화를 골랐다. 초반부터 웃기고 재미있었다. 그런데 이 녀석 영화는 안 보고 자꾸 내 옆으로 궁둥이를 붙인다. 나는 조금 부담스러웠다. 그래서 벽 쪽으로 궁둥이를 옮겼다. 그리고 '영화에 집중해.'라는 사인을 보냈다. 그런데도 옆에 딱 붙더니 내 허리를 감싸 안았다. 치마가 좀 올라가긴 했지만, 다운이 자켓을 덮고 있어서 괜찮았다.

갑자기 키스를 당했다. 나는 당황해서 손으로 밀치고 발버둥을 쳤다. 내 힘으로 감당이 안 됐다. 영화 속 키스 장면과는 너무 달랐다. 억지로 내 몸을 만지는 그 XX. 누군가에게 압박받는 느낌이 싫었다. 숨이 막힐 것 같았다. 으악~. 누가 나 좀 도와줘요. 나는 이런 거 싫다구요. 나무님~. 부처님~. 하느님~. 아무나 저 좀 도와주세요!

"야~. 싫어, 싫다고! 저리 가 좀! 악! 이 미친 XX야." 이렇게 힘이 센 줄을 몰랐다.
"아C~. 좋아하면서 싫다고 하더라, 가만히 좀 있어 봐."

그때 갑자기 문이 열리더니 주문한 떡볶이가 등장했다. 그것도 태경 선배가 가지고 왔다. 나는 더 당황해서 어쩔 줄을 몰랐다. 무작정 뛰쳐나왔다. 다리가 아파 걷는 것도 힘들었다. 뭔가 눈물이 났다. 여러 가지 감정이 들었다. 나도 모르는 내 감정이 너무 많아서 아무것도 생각이 안 났다. 태경 선배를 만나서 쪽팔리고, 100일이라도 신경 써서 준비했겠지만 이렇게 만든 그 XX. 짜증 나기도 하고, 미안하기도 해서 복잡했다. 그렇게 걸어서 집까지 왔다. 집 앞에 도착했을 때, 선우가 있었다. 나는 선우를 붙잡고 펑펑 울었다.

스킨십은 어떻게 준비해야 하나요?

스킨십을 준비하는 5가지 방법은 연애할 때 내 기준을 확실하게 세우는 것이다. 핵심은 내가 준비하고, 내가 선택하는 스킨십이어야 한다.

첫째, 평소에 내 느낌을 살펴보는 연습을 충분히 해야 한다. 그래야 잘 표현할 수 있다. '나는 손잡는 걸 좋아하고, 아직 키스는 부담스럽다.'처럼 평소 내 느낌을 알아채고, 상대방에게 표현할 줄 알아야 한다. "나는 오늘은 손잡기 싫어."처럼 매번 바뀌는 감정도 자주 표현한다.

둘째, 내가 스킨십을 하고 싶다면, 먼저 물어봐야 한다. "오늘 너랑 손잡고 걷고 싶어, 넌 어때?"라고 물어보면서 먼저 손을 내밀자. 이건 절대 창피한 게 아니다. 또 남자가 이렇게 이야기해주면 나를 더 존중해주는 기분이 들어서 더 달콤하다. 작은 스킨십부터 물어보는 연습이 필요하다.

셋째, 나도 스킨십을 원할 때만 동의한다. 내 표현을 존중할 수 있는 사람이 진짜 괜찮은 사람이다. 지난번에는 뽀뽀했지만, 오늘은 싫을 수 있다. 그걸 이해할 수 있도록 평소에 대화하는 것도 중요하다. 그런 장면이 우연히 나왔을 때 이야기할 수도 있다.

넷째, 내가 생각할 시간이 필요할 때, 기다려주라고 말한다. 이때 기다려줄 수 있는 사람인지 살펴봐라. 평소에 이렇게 상대방에게 말한다. "나는 당황하면 생각할 시간이 필요해…. 기다려주라고 말하면 이해해줬으면 좋겠어." 나를 사랑한다면 기다려줄 것이다.

다섯째, 내가 싫다고 했는데 상대방이 존중해주는지를 알고 있어야 한다. 존중하지 못하는 사람이라면 헤어져도 좋다. 이것은 상대방이 싫다고 했을 때 나에게도 해당한다. 그리고 내가 싫다고 하는 것을 내숭처럼 생각하지 않도록, 평소에 싫은 것은 싫다고, 좋은 것은 좋다고 표현하는 것이 좋다.

- 7 -

잘 사귀는 법, 잘 헤어지는 법

사랑과 이별 모두 다 네가 성장하는 기회야

선우는 내가 우는 동안 말없이 옆에 있어 주었다. 참 고마웠다. 마음을 좀 가라앉히고 나자, 우리는 이야기를 할 수 있었다. 폰을 보니 부재중 전화 53통. 지난번에 싸웠을 때는 30통 왔었는데, 이번엔 달랐다. 톡은 확인해보지도 못하겠다.

"무슨 일 있었어? 이유 없이 울진 않을 거 아니야." 선우가 물었다.

"아직 준비도 안 됐는데, 자꾸 만지잖아. 걔가 정말 막무가내야, 선우야, 나 정말 당황했어."

"나라도 당황했을 거야. 오히려 잘 됐어. 이참에 너희들 잘 헤어질 수 있는지 보자."

"헤어져? 나 아직 걔 좋아…해…. 오늘 그런 건 날 너무 좋아해서 그런 것 같기도 하고, 난 싫다는데 계속하는 건 또 아니고…. 아휴, 나도 정말 내 맘을 모르겠다." 난 혼란스러웠다.

"걔 평소엔 너한테 어때? 집착하는 건 없어?" 선우의 갑작스런 물음. 난 생각이 많아졌다.

사실 나는 다윤이가 지켜준다고 말하는 게 좋았다. 사랑받는 느낌이 들었다. 좋은 일 있으면 날 먼저 챙겨줬다. 그리고 내가 잘 잊어버리니까 내 폰도 잘 챙겼다. 그러다가 말도 없이 폰을 보고, 어느새 비밀번호도 알아냈다. 내가 어디에 갔는지, 누구를 만났는지 나보다 관심이 더 많았다. 그렇게 하는 게 날 사랑하고 있다고, 나에게 관심이 많은 거라고 믿었다. 학교에 있을 때도 전에 친했던 남자애들이랑 장난도 못 치고, 다윤이랑만 다녀야 했다.

"잘 헤어질 수 있는 사람을 만나야 잘 사귀는 법이야." 선우가 말했다.

"헤어질 사람을 왜 만나?" 나는 궁금했다.

"내 말은 잘 헤어질 수 있는 사람이어야, 사귈 때도 잘 사귄다는 거지. 사실, 너희 애칭에도 문제가 좀 있어. 나는 그 애칭 별로야." 선우는 씁쓸한 표정으로 말했다.

"애칭? 니꺼♡내꺼♡?ㅎㅎ" 애칭을 다시 생각하니 웃음이 나왔다.

"사람은 물건이 아니야. 그러니까 니꺼, 내꺼란 말을 쓰지 말아야지."

"맞는 말이네. 미리 말해주지, 얘기해서 좀 바꿔볼걸."

"내가 그런 말 한다고 사랑의 콩깍지 쓴 너희들 눈에 들어왔겠어?"

1시간이 안 되는 동안, 50번 넘게 연락이 왔다. 그런데 확인하고 싶지 않았다. 생각할 시간이 필요했다. 싸울 때마다 점점 집착이 심해지는 것 같아서 무서워지기도 했다.

'내가 뭘 잘못 했는데? 너 생각해서 준비한 건데, 이럴 거냐?'

'내가 미안해. 무조건 미안해. 얘기 좀 하자.'

'아~. ㅅㅂ. 너 진짜 이럴 거야? 전화 좀 받아.'

'내가 잘못했어~. 걱정되니까 연락 줘.'

내 머리도 복잡했지만, 이 녀석도 굉장히 복잡할 것 같다. 내 안에만 많은 내가 있는 줄 알았는데, 쟤 안에는 더 무서운 애들이 들락날락하는 것 같았다. 어쩔 줄 몰라 하는 나를 위해 늦은 밤 달려온 선우는 결국 우리 집에서 자기로 했다. 나는 울면서 잠이 들었다. 나무님의 안타까운 눈빛이 보였다.

"마음이 좀 어때?" 나무님은 다 알고 있었다는 듯이 나에게 물었다.

"아까는 싫다고 해도 계속 힘으로 밀어붙이니까 진짜 놀랐어요. 도망칠 생각도 못 하고 있었어요. 사실, 지금도 어떻게 해야 할지 모르겠어요." 나는 작은 목소리로 말했다.

"모르는 게 당연한 거야~. 그래도 잘 피했어. 잘 기억해둬. 다음번에도 그러면 오늘처럼 빨리 벗어나야 해. 그리고 도움을 요청해. 아까는 내가 못 가서 다른 사람을 보냈지."

"아오~~. 완전, 쪽팔렸어요." 젠장~. 그때 그 장면이 다시 떠오른다.

"지금 너한테 꼭 필요한, 잘 사귀는 법, 잘 헤어지는 법을 알아보자."

나랑 사귀는 사람이 나와 맞는 사람인지 아닌지를 물어보는 다섯 가지 질문들이었다. 이때, 방해받지 않는 장소에서 둘다 편안한 기분일 때, 서로 질문을 하는 것이었다.

첫째, 가족이나 친구에 대해 어떻게 이야기하는지 살펴보기. "○○은 너한테 어떤 사람이야?"라고 물어본다. 이때 대답하는 상대방의 태도, 말투 등을 면밀하게 살펴야 한다. 질문에 대한 내 대답은 "우리 엄마는 혼자서 남매 키우려고 열심히 살아. 욕도 잘 쓰지만, 요즘은 칭찬하려고 많이 노력하시지."라고 말할 것 같다. 말하기조차 싫어하는 태도를 보이거나 가족, 친한 사람을 부정적으로 표현하는지 평소에 봐야 한다.

둘째, 가족이나 친한 친구랑 싸우고 화해하는 걸 물어본다. "○○와 싸우면 어떻게 풀어?"라고 질문할 수 있다. 나라면, "엄마랑 싸우면 무조건 피해. 좀 진정 돼서 돌아오면 괜찮아져."라고 대답할 것이다. 화해하는 걸 알면 관계를 어떻게 생각하는지 볼 수 있다. 그리고 나와 싸워도 어떻게 화해하는지 생각해볼 수 있다.

셋째, 자기 물건을 함부로 하는 사람인지 아닌지 살펴보기. "네가 가장 좋아하는 건 뭐야?"라고 묻고, 평소에 어떻게 그 물건을 대하는지 살펴본다. 연애를 소유물로 생각하는 경우가 많은데, 자기 물건을 함부로 다루는 사람일수록 연애 관계를 소홀히 할 수 있다. 예를 들어, 다윤이 같은 경우엔 강아지 복덩이를 좋아하는데, 화날 때는 개를 때리기도 했다.

넷째, 자기 물건에 너무 집착하는 사람인지 아닌지 살펴보기. "네가 가장 아끼는 물건이 없어지면 어때?"라고 물건에 집중해서 물어보고, 이 물건을 대하는 그 사람의 반응을 살펴본다. 너무 집착하는 게 강하면 우리 관계에 대해서도 집착할 수 있다. 나는 폰이 없으면 불편한 정도였는데, 다윤이는 계속 신경질 내면서 불안해서 싸운 적이 있었다.

다섯째, 존중할 수 있는 거리를 유지하는 사람인지 살펴본다. "네가 만나자고 했는데, 내가 미리 약속이 있었어. 그럼 너는 뭐라고 할 거야?"라고 물어본다. 사랑도 여러 가지 관계 중 하나인데, 나의 다른 관계를 못하게 하면서 오로지 자기와의 관계를 맺도록 한다면. 그 사람은 존중할 거리를 유지하지 못하는 사람이다. 일정 거리도 없이 서로 밀착된다면 반드시 문제가 생긴다.

나무님은 걱정되는 표정으로 나에게 말했다.

"나무도 서로 공존할 수 있는 거리가 있어야 해. 그래야 뿌리를 내리고 더 잘 성장할 수 있어. 바로 옆에 나란히 바짝 붙어 있으면 잘 자랄 수 있을까? 영양분도 잘 공급받지 못하고, 나답게 성장하기도 어려워. 나답게 성장하지 못했으니, 우리답게 연애하기도 힘든 거지.

수영아, 오직 나만 바라봐주는 사랑은 사랑이 아니야. 처음에는 사랑받는 느낌이 들지. 하지만, 이 세상에서 나와 그 사람만 있고, 가족도 친구도 좋아하는 것도 없어진다면 그땐 행복할까? 이번이 기회야. 잘 이야기해봐. 사랑과 이별 모두 다 네가 성장하는 기회야."

나무님은 헤어지라는 말은 하지 않았다. 하지만 마치 내 마음을 알아챈 것 같았다. '헤어짐에도 에티켓이 있다.'라며 두 가지를 알려주었다.

첫째, 이별 통보는 만나서 하기. 문자로 하거나, 전화로 하는 것은 최대한 피하기. 그건 그동안 내가 사랑했던 사람에 대한 최소한의 에티켓이라고 하셨다. 생각해보니 문자만 받으면 기분이 더 나쁠 것 같았다.

둘째, 뒷말하지 않기. 힘들어도 뒤에서 욕하는 건 정말 아니었다. 내가 싫은 것만큼 상대방도 싫을 테니…. 헤어지고 나서 보복성 불법 촬영물을 올리는 사람도 봤다. 실제로도 많이 일어난다니 '안전 이별'이라는 말도 괜히 나온 단어가 아닌 것 같았다.

"다윤아, 나 생각 많이 해 봤는데, 만나서 이야기하자."

다행히도 우리는 방학이었고, 우리가 자주 갔던 공원에 앉아 이야기했다. 나는 다섯 가지 잘 사귀는 법을 물어보지는 않았다. 이미 내가 경험한 그 녀석의 말과 행동을 알고 있었기 때문이었다. 대신에 두 가지 헤어지는 에티켓을 잘 활용했다. 그 녀석도 그동안 생각을 많이 했는지 예전처럼 친구로 지내자고 했다.

오늘의 감사일기

잘 헤어지는 법, 잘 사귀는 법을 알게 되어 감사합니다.
헤어짐에도 에티켓이 있다는 걸 알게 되어 감사합니다.
배운 걸 잘 실천해 볼 수 있어서 감사합니다.
다윤이와 만나서 이야기할 용기를 내서 감사합니다.
도망칠 생각도 못 하고 있었는데, 도망칠 용기를 낸 나에게 고맙습니다.
힘들 때 나를 걱정해주는 분들이 있어서 고맙습니다.
아무 말 없이, 그냥 내 곁을 지켜준 선우가 있어서 고맙습니다.

어제 감사일기 못 적은 걸 이제야 알게 되어 너무 슬픈 나. 감사일기를 쓴지 66일이 이미 지났다. 그동안 나에겐 좋은 습관이 생겼고, 좋은 친구도 생겼고, 든든한 멘토도 있었다. 감사일기를 쓰지 않으면 오히려 우울하게 잠을 잤다. 그래서 매일 감사일기 쓰는 일이 너무 좋았다.

8

조절할 줄 아는 사춘기가 진짜 어른이 된다

나만의 선을 만들고, 그 선을 넘지 않도록 조심해. 그게 조절이야

처음 겪는 이별은 웹드라마나 웹툰에서 봤던 것보다 더 많이 아팠다. '내 상처가 가장 아프다.'라는 말이 더 와닿았다. 쿨하게 잊을 줄 알았는데 그것조차 잘되지 않았다. 같이 갔던 곳에 가면 더 생각나고, 슬픈 노래를 들으면 눈물이 났다. 책을 읽어도 가슴에 더 꽂혔다. 걔도 내 생각이 날지 궁금했다. 카톡 프사를 보거나 페이스북 피드를 찾아봤다. 우울해서 그런가 계속 잠을 잤다. 먹는 것도 조절이 안 됐다. 선우가 걱정됐는지 날 찾아왔다. 혼자 이 세상 모든 이별을 겪은 것처럼 보인다며 나에게 캠프 이야기를 했다.

"너 이번 주에 나랑 성교육 캠프 갈래? 뭐라도 해야 해. 그래야 좀 더 이겨낼 수 있어."

"그럴까? 뭐라도 하긴 해야 할 것 같아." 나는 힘없이 말했다.

"내가 신청해둘게. 수영아, 이별보다 더 중요한 게 뭔 줄 알아?"

"음?? 그건 뭔데? 나 미쳤나 봐, 식욕도, 잠도 조절이 안 돼." 나는 선우에게 말했다.

"이별 후에 나를 돌아보는 거야. 헤어지고 나면 깨닫고 배우는 게 더 많거든."

나만 이런 건가 싶었다. 보란 듯이 잘 살아야지 생각했는데 몸이 말을 듣지 않았다.

"좋아하는 운동도 하고. 책도 보고, 음악도 듣고, 슬픈 네 마음도 잘 돌아봐. 그래야 좀 더 성숙할 수 있어. 그래야 진짜 괜찮은 어른이 되지 않겠어?"

"우리 떡볶이 먹으러 가자." 나는 배가 고파졌다.

나는 식욕조절 장애가 있는 것처럼 떡볶이랑 순대, 튀김까지 모두 해치웠다. 배가 불러 오랜만에 자전거를 탔다. 바람이 차가웠다. 허전하고 텅 빈 내 마음을 뚫고 지나갔다. 집에 오자마자 씻고 침대에 누웠다. 햇살이 따스하게 비추는 느낌이 좋았다. 눈이 감긴다.

"나무에 물을 주고 계시네요?" 물을 주고 있는 나무님을 보며 말했다.

"수영아, 이 나무는 3일에 한 번 물을 줘야 하는데, 매일매일 주면 어떻게 될까?"

"아마도 시들시들하다가 죽겠죠?" 나는 상상하며 말했다.

"그래. 우리는 매일 주지 않고 나무에 맞게 물을 주는 걸 '조절'한다고 말해. 너는 조절을 잘하고 있다고 생각해?"

"근데 왜 조절을 해야 할까요? 조절하려면 힘들잖아요."

"조절은 불편함을 감수하는 것이기도 하니까 힘들 수 있지. 하지만 자전거를 탈 때도 한 번 균형을 맞추기 시작하면 더 쉽게 앞으로 나갈 수 있어. 우주는 늘 균형을 맞추며 조절을 하거든. 처음이 어렵지 조절하다 보면 더 성장하는 방향으로 나가게 될 거야."

나무님은 컵에 물을 비워 나에게 건네주며 말했다.

"컵 안에 물을 비울 때, 넘치지 않게 균형을 맞추는 게 바로 '조절'이야. 모든 사람은 '나만의 선'을 가지고 있어. 각자 선이 다 다르지. 그래서 잘 물어보아야 해. 그리고 상대방이 만든 그 선을 넘지 않도록 조심, 또 조심해야 해. 그렇게 균형을 잘 맞추면 서로 맛있게 물을 마실 수 있어."

"나만의 선을 만들고, 그 선을 넘지 않도록 조심한다. 그게 조절이라는 거네요."

"응~. 선을 넘고 싶은 마음이 생길 때 욕심을 줄이는 것도 조절하는 거야. 그게 된다면 너는 네 마음의 주인이 되는 거지. 따라 해 볼래? 나는 내 마음의 주인이 된다."

"나는 내 마음의 주인이 된다. 나는 내 마음의 주인이 된다. 나는 내 마음의 주인이 된다."

마음에 와닿은 말…. 오래 기억하고 싶었다.

내가 생각하는 '조절'은 무엇인지 나무님이 물었다. 나는 야식 먹고 싶어도 참는 것도, 밥 먹기 전에 디저트 먹지 않는 것도 '조절'이라고 말했다. 사실, 조절해야 하는데 못하는 사람들도 많았다. 욕·성욕·분노가 조절이 안 되는 사람들. 그 사람들은 '나도 모르게 나왔다.', '술김에 그랬다.', '난 조절 못 한다.'라고 말했다. 나무님이 입을 열었다.

"동물이 아닌 인간이라면 조절은 누구나 가능해. 조절 안 된다고 탓하는 사람들은 약한 사람에겐 엄청나게 강하고, 강한 사람에겐 엄청나게 약해. 그러니까 조절하지 못한다고 하면서도 기가 막히게 조절하고 있는 거야."

"헐…. 그러고 보니 다 자기보다 약한 사람들한테 하는 행동이네요. 조절을 못 하면 주변 사람들까지 힘들게 하는 것 같아요. 아…. 누가 막 떠오른다."

"그래, 조절하는 진짜 이유는 내가 자유롭기 위한 거야. 너 엄마한테서 자유로워지고 싶지? 조절하기 시작하면 내 감정의 진짜 주인이 될 수 있어."

나는 어떻게 하면 조절을 잘할 수 있는지 궁금해서 물었다.

"지금 네가 하는 것처럼 하면 돼. 매일 감사일기 쓰고, 나를 돌아보고, 욕도 줄이고, 조금씩 1mm라도 앞으로 가면 되는 거야. 그러면 나의 그릇이 커져. 어떤 것도 담을 수 있지." 나무님이 말했다.

"내 그릇을 키우면 어떤 것도 담을 수 있다! 정말, 내 그릇을 키워야겠어요."

"특히, 다른 사람 탓하지 말고, 네가 먼저 바뀌어야 해. '어떻게 하면 해낼 수 있을까'를 끝까지 고민하면서 작은 것부터 바꾸면, 네가 가장 원하는 곳에 이미 도착해 있을 거야."

나무님과 나는 거울을 보았다. 예전보다 비슷해진 어깨높이에 나는 신이 났다. 이제는 웃는 표정도 자연스러워졌다.

현관문이 열리는 소리가 나서 잠에서 깼다. 소리만 들어도 엄마다. 빠르고 다급하게 번호를 눌렀다. 아까 조절을 못 해서 주변 사람까지 힘들게 한다고 할 때 엄마 생각했는데, 내 생각을 읽은 건 아니겠지? 아~. 괜히 찔렸나….ㅎㅎ 인사해야 하는데, 이불 속이 너무 좋다.

"밖에 지금 비와~. 수영아, 수현아, 빨리 창문 좀 닫아." 다급한 목소리로 엄마는 말했다.

"응응~. 할게…." 말은 했지만, 엄마는 듣지 못했나 보다.

"야! 한수영, 한 씨 자식 아니라고 할까 봐, 말 진짜 안 듣는다, 너." 엄마가 방에 들어왔다.

"아~. 하려고 했어. 엄마는 알지도 못하면서 자꾸 화만 내…." 입이 이만큼 나왔다.

"그러니까 빨리 문 좀 닫으라고, 비 들어오면 다 젖어."

엄마가 내 방 창문을 닫으려고 침대랑 창문 사이에 몸을 급하게 집어넣었다. 그러던 찰나에 그 사이에 있던 나무 화분이 떨어져 깨져버렸다. "어뜩해~!!!" 나도 모르게 비명을 질렀다. 엄마도 놀랐는지, 깨진 화분을 같이 주웠다. 그때, 깨진 화분 사이로 비닐로 꼼꼼히 싼 편지를 발견했다. '미안하고 사랑하는 수영이에게'라는 아빠의 글씨였다. 엄마는 뭔가 낌새를 차렸는지 나에게 편지를 주었다. 나는 그 편지를 보면서 그동안 잊고 있었던, 생각하기도 싫은 장면들이 자꾸 내 머릿속에 복잡하게 쌓여갔다.

미안하고 사랑하는 수영이에게

수영아, 아빠야~. 아빠라는 말을 하는 게 미안할 정도로 너에게 잘못을 많이 한 것 같아. 정말 진심으로 사과할게. 네가 받아줄지 아닐지는 모르겠지만, 이 이야기는 전하고 싶었어. 아빠를 용서할지 아닐지는 네가 결정하는 거니까, 아빠는 기다릴게. 이 편지를 언제쯤 보게 될지. 아직은 너에게 이 마음을 표현할 방법이 이것뿐인 것 같아. 이것도 미안하구나. 변명으로 들을 수도 있겠지만, 아빠 이야기 좀 들어볼래? 아빠도 정말 후회하고 있어…. 이미 돌이킬 수 없는 행동이기 때문에, 너에게 편지로 적는 아빠를 용서해줘. 네 얼굴을 보면서 말할 용기가 아직은 없구나. 술 먹고 나면 돌변하는 아빠 때문에 힘들었지? 나도 그러면 안 되지 생각하면서도 집에 오면 조절이 안 됐어. 그래서 엄마한테도 그렇게 했던 것 같아. 이번에 상담받으면서 엄마에게 진심으로 사과했어. 엄마는 아직도 전부 이해한 것 같지는 않지만, 그래도 너랑 수현이를 생각하면 같이 살아보자고 이야기하더라. 그런 엄마니까, 우리가 좀 더 잘 해주자. 아니야 아빠만 노력하면 돼. 이제부터 다시 보여줄게. 그러려고 상담시간에 이렇게 편지를 쓰게 됐어. 엄마가 자궁암 치료 이후에 너무 힘들어해서 아빠도 많이 지쳤나 봐. 점점 술도 많이 먹게 되니까 너희랑 얘기할 시간이 적어지고, 때리기도 하고, 그런…. 하지 못할 행동도 하게 된 것 같아. 엄마가 계속 아파서 예민했고, 너는 엄마보다 더 키가 큰 숙녀가 되었는데, 아빠로서 널 지켜주지 못하고 더 큰 상처를 준 것 같아 정말 미안해. 이번에 상담도 받고 교육도 받으면서 부모로서 정말 창피하고, 어른으로서 너에게 믿음을 주지 못한 것 같아 미안해. 수영아, 앞으로 아빠가 더 노력할게. 술도 절대 마시지 않고, 용서해달라는 말도 더는 하지 않을게. 그냥 기다릴게. 옆에서 있을 수 있게만 해줬으면 좋겠다.

미안하다는 말밖에 할 수 없는 아빠가

4 장

꼭 알아야 할
3가지 성교육 실천법

자존감, 그만 찾고 이제 만들어라

자존감은 '나다움'을 만드는 자전거 여행이다

아빠는 가정 폭력과 성 학대로 상담 치료를 받았다. 아빠의 행동에 '학대'라는 이름표가 붙여지기 전까지 나는 그 행동이 사랑인 줄 알았다. 아빠니까 하는 행동이라 생각했다. 날 사랑한다고 했으니까, 술만 먹으면 변하는 아빠지만, 나는 아빠를 믿었다. 편지를 발견하기 전까지, 그 기억을 영원히 잊어버리고 싶었나 보다. 마구 흔들린 콜라의 뚜껑을 열자마자 거품이 넘쳐 나오듯, 계속 꺼내기 싫었던 기억들이 토하듯이 뿜어져 나왔다. 그 이후 나는 김빠진 콜라가 된 느낌이었다.

블랙홀에 빨려 들어가는 것처럼, 복잡하고 머리가 아팠다.

나는 편지를 겨우 읽어내렸다. 한참 후 엄마가 들어왔다. 편지를 볼 수 있냐고 내게 물었다. 나는 편지를 건네주었다. 그리고 우리는 서로 끌어안고 한참을 울었다. 오랜만에 느끼는 엄마 품이었다. 엄마는 내 팔과 허벅지 상처를 보았다. 그렇게 서럽게 우는 엄마의 모습은 처음이었다. 엄마가 미안하다고, 계속 그 말만 되풀이했다.

선우에게도 말 못 하고, 좋아하는 사람을 믿지 못했고, 아빠조차 믿을 수 없는 내 마음이 나를 더 힘들게 했다. 상처를 건들 수가 없어 그냥 덮어두었다. 그동안 열어 보지 않은 내 상처가 곪아 있었다. 상처투성이가 된 나를 바라보는 내 마음이 찢어지듯 아팠다.

"수영아, 캠프 가야지 일어나." 선우가 나를 깨웠다.
"아, 그게 오늘이었나? 미안, 챙겨서 갈게." 눈을 비비며 내가 말했다.

선우는 노브라 사건 이후에도 계속 청소년 활동을 했다. 오늘은 1박 2일로 캠프를 가는 날. 우리의 '공존, 성 인권 캠프'는 그렇게 만신창이인 채 시작되었다. 차라리 뭐라도 하는 게 나았다. 생각하고 싶지 않았다. 아무렇지 않은 척, 잘할 수 있겠지?

"아~. 시원하다. 우리 학교 애들도 많고, 보건샘도 있네!" 나는 선우에게 얘기했다.
"응, 다들 열심히 하더라구. 저기 우리 오빠도 있어." 선우가 말했다.

"태경 선배도 같이 활동하는구나. 선배는 학교 안 가지~. 그럼 대안학교 가는 거야?"

"아니, 오빠는 백종원처럼 돼서 돈도 잘 버는 사업가 되고 싶대. 꿈이 너무 확실하지. 책도 많이 읽고, 매일 배우고, 공부하고 그래. 요리 자격증도 벌써 10개는 넘을걸?"

꿈이 있어서 좋겠다. 나는 아직 없는데….

"꿈을 찾는 건 뷔페 같아." 선우는 꿈에 대해 배운 걸 이야기했다.

"응? 뜬금없이 웬 뷔페?" 나는 이해가 잘 안 되서 물었다.

"내가 맛본 것 중에서 가장 맛있는 걸 고르는 것처럼, 꿈도 내가 경험한 것에서 고르잖아. 그러니까, 지금 우리처럼 많이 경험하면서 다양한 맛을 봐야지." 선우가 말했다.

"맞네~. 나한테 맞는 꿈을 찾으면 좀 더 기운이 나겠지?

보건샘은 어김없이 첫 시작을 '자존감은 ㅇㅇㅇ이다.'부터 고민하게 하셨다. 나는 지난 수업을 떠올렸다. 자존감 프로젝트에서 자존감이 뭐였더라? 분명 자신감하고는 다른 것 같았는데. 뭐라 한마디로 정의하기는 어려웠다. 선우가 자신감 있게 자존감에 대해 발표했다.

"자신의 존재에 대해 느끼는 감정인데요. 어떤 감정이냐 하면, '스스로 어떻게 평가하는지', '스스로에 대해 만족하는지' 살펴보는 거예요."

우선, 여러 가지 이미지 카드 중에서 '자존감'을 떠올렸을 때, 가장 어울리는 것을 골랐다. 나는 두 가지를 골랐다. 하나는 맛있는 밥상이 있는 사진이었고, 다른 하나는 여행을 가는 두 사람의 모습이었다. 우리는 돌아가면서 카드를 고른 이유를 이야기했고, 내 차례였다.

"자존감은 먹방 여행 같아요. 그래서 밥상 사진이랑 여행 사진을 골랐어요. 먹방 여행을 하면서 내가 좋아하고 싫어하는 걸 알 수 있어요. 여행에선 다양한 경험을 하잖아요, 고생도 하고 맛있는 것도 먹고. 여행을 마치고 나면 나 자신이 대견할 것 같아요."

다른 친구와 서로 이야기를 나누는 것만으로도 시간이 금방 지나갔다. 다들 생각이 많고 꿈도 많았다. 다음 활동으로 우리가 좋아하는 '푸드'를 가지고 자존감을 표현하기로 했다.

샘은 내가 좋아하는 뻥튀기를 나눠주셨다. 동그란 뻥튀기를 가지고 처음에는 '나의 요즘 표정'을 만들어 보라고 하셨다. 게임 규칙은 손을 사용하지 않고 '입으로만' 표정을 만드는 것이었다. 눈도 만들고, 입도 만들었다. 다들 너무 진지하게 뻥튀기에 얼굴을 파묻고 입으로만 만들고 있었다. 혀를 날름거리면서 구멍을 뚫는 게 너무 재밌었다. 간만에 배꼽 빠지게 웃어서 기분이 좋았다. 한참을 웃으면서 뻥튀기도 먹으면서 표정을 만들었다. 그리고 만든 표정을 가지고 이야기를 나눴다. 나는 내 표정을 들고 친구들에게 소개했다.

"요즘 우울하기도 하고, 자주 울기도 해서 이렇게 눈물을 흘리는 모습으로 표현해 봤어요. 그런데, 오늘 여기 오길 잘한 것 같아요. 신나게 웃었더니 기분이 좋아졌어요."

"선우가 기분이 좋아졌다니, 정말 다행이네요. 그럼 이제 뻥튀기를 더 줄게요. 책상 위에 놓고 마구 두들겨서 쪼개보세요." 보건샘은 두 개의 뻥튀기를 더 주셨다.

주신 뻥튀기를 쌓아놓고, 거기다 우울한 내 표정을 얹었다. 거울처럼 내 얼굴이 보였다. 그리고 힘껏 내리쳤다. 주변에 사방팔방 조각이 튈 정도로 계속 부쉈다. 산산조각이 나는데 뭔가 마음이 후련해지는 느낌이었다. 우울했던 내 얼굴도 흔적도 없이 사라졌다.

"자~. 이제는 색 도화지 위에다가 조각난 뻥튀기로 표현을 할거에요. 아까 이야기했던 자존감 이미지도 좋아요. '자존감은 ○○○이다.'라는 주제로 마음껏 표현해보세요." 보건샘이 말했다.

나는 진한 파란색 도화지를 골랐다. 파란 하늘이 생각났기 때문이었다. 그리고 하얀색으로 잘게 부서진 뻥튀기를 가지고 네 명의 사람을 그렸다. 엄마와 나, 동생 수현이, 그리고 선우까지. 그리고 파란 하늘 아래 난 길로 여행을 떠나는 모습을 표현했다. 어디로 가면 답답한 기분이 뻥~. 뚫릴까? 바다랑 산을 모두 볼 수 있는 제주도로 가야겠다.

이번에도 어김없이 각자가 그린 그림을 함께 공유했다. 처음엔 이야기를 나누는 거라고만 생각했는데, 힘든 마음도 나누고 나니 덜 힘들었다. 친구들의 기쁜 마음도 나누니 더욱더 기분이 좋아졌다.

활동의 마지막, '자존감은 ○○○이다.' 지난번에 완성하지 못했던 나는 이렇게 적었다.

자존감은 '나다움'을 만드는 자전거 여행이다.

"선우야, 캠프 잘 온 것 같아. 고마워." 내가 선우를 보며 말했다.
"네가 좋다니까 나는 더 좋다.^^" 웃으며 선우가 말했다.
"나, 너한테도 말 못 할 일들이 있었는데, 여기서 너랑 있으니까 용기가 생기는 것 같아. 아직은 내 머릿속에 정리가 안 되긴 했지만…." 조심스레 내가 말을 꺼냈다.
"말 못 할 정도로 힘든 일이 있었다고?"

선우는 그 녀석 때문이냐며, 나보다 더 발끈해서 말했다. 그리고 아직 정리가 안 된 내게 기다릴 테니 언제든지 말하라고 해줬다. 정말 고마웠다. 선우는 날 보며 입을 열었다.

"나도 네 도움 많이 받았잖아. 수영아, 청소년 활동을 도와주는 사람을 뭐라고 부르게?"

"봉사하는 사람? 나야 모르지. 뭐라고 부르는데?" 나는 잘 몰라 다시 물었다.

"'꿈 메신저'라고 해. 자기 꿈을 찾고, 다른 사람들에게 도움이 되도록 전달하는 역할이야."

"그럼 너도, 태경 선배도 모두 꿈 메신저야?" 내가 말했다.

"오빠는 맞는 것 같고, 나는 노력하는 중이야. 그리고 곧 너도 꿈 메신저가 될 테고."

창문 밖, 목련꽃 봉우리가 조금씩 올라오는 게 보였다. 우리의 봄은 그렇게 시작되었다.

– 2 –

느끼고, 생각하고, 성장하라!

**성은 물과 같아요. 평소엔 중요한 줄 모르지만, 물이 없으면 우리는
살 수 없어요**

보건샘이 시작하며 입을 열었다.

"꿈 메신저들이 다들 모인 것 같으니, '공존 성교육'을 시작하겠습니다.
자~. '공존'이란 무엇일까요? 함께 존재한다는 의미도 있지만 '공감하고
존중한다는 의미'가 더해진 말입니다. "

학교에서 친구들이 처음 성교육 받을 때 반응처럼 '재밌고, 자극적인
걸 원하고, 스킬을 알려줬으면 좋겠다.'라는 반응은 전혀 없었다. 오히려

좀 진지하게, 더 적극적으로 대화를 나누는 모습이 신기했다. 샘은 오늘 배울 '공존 실천법' 3가지를 칠판에 적었다.

1교시 나답게 성장하기 : 꿈의 지도를 만들어 나다운 꿈을 찾는 성장 여행을 하자!
2교시 공감 대화하기 : 감사일기를 매일쓰며 나답게 공감하는 대화를 하자.
3교시 서로 존중하기 : 나를 존중하고 상대방의 거절을 존중하는 대화를 하자.

"오늘은 3교시 동안, 총 3가지 공존 실천법을 배울 거예요. 이 방법은 여러분이 인생을 살아가는 데 도움이 될 거예요. 수학 공식보다도 일상에서 자주 쓰게 될 테니까 잘 익혀서 실천했으면 해요. 처음에는 어려울 수 있지만, 3가지를 매일 실천한다면 점점 더 쉬워질 거예요. 친구들, 사랑하는 사람, 부모님, 선생님과 대화할 때도 언제든지 쓸 수 있어요. 자, 첫 시간으로 가장 중요한 '나답게 성장하는 법'에 대해 배워봅시다." 샘이 말했다.

우리는 각자 [나답게 성장하는 '꿈의 지도']를 만들었다. 꿈의 지도를 위해서 필요한 준비물은 '나'뿐이었다. 나를 바라볼 수 있는 시간과 노력, 용기만 있으면 충분했다.

"[꿈의 지도]는 그동안 찾기만 하던 꿈을 만들어 보는 시간이에요. 이번 시간에는 4가지 꿈의 여정을 통해 꿈의 지도를 완성해봅시다. '구체적인 꿈 / 다양한 감정 / 다양한 생각 / 다양한 경험'의 여정을 따라가다 보면 어느새 나만의 꿈의 지도가 완성될 거예요. 4가지 꿈의 여정은 변화할 수 있어요. 나답게 만들어가면 돼요." 보건샘의 말에 나는 궁금해서 물었다.

"선생님, 근데 이 시간은 성교육 시간 아닌가요? 왜 자꾸 꿈, 감정, 공감, 존중 이런 이야기만 해요?"

"아~. 수영이는 꿈이랑 인생 이야기만 해서 성교육이 아닌 것 같았어요?" 샘이 물었다.

"네~. 성교육은 왠지 성에 관해서만 이야기해야 할 것 같아요." 나는 내 생각을 말했다.

"그렇게 생각한 이유가 있나요?" 샘은 내 이야기를 진지하게 들으며 물었다.

"흠…. 예전부터 그렇게 해왔으니까요. 학교에선 성폭력 같은 문제들이 생기지 않게 예방하는 교육 많이 받잖아요."

보건샘은 짚고 넘어갈 좋은 질문이라면서 말씀하셨다.

"성은 물과 같아요. 평소엔 중요한 줄 모르지만, 물이 없으면 우리는 살 수 없어요. 성 역시 잘 모르고 있다가 어떤 사건이 생기면 불쑥불쑥 튀어나와요. 사춘기 변화가 시작되거나, 연애할 때, 음란물을 보거나, 자위할 때, 스킨십 하거나, 성차별이라며 싸울 때 등등 너무 많아요. 그래서 미리 배워두면 필요할 때 바로 꺼내 쓸 수 있어요. 우리는 인생을 살면서 성과 관련된 일들을 만나요. 그런데 꿈을 가지고 있는 사람은 어떤 일을 만나도 파도를 타듯이 잘 넘어갈 수 있어요. 그래서 1박 2일 동안 우리 인생에 대해 생각하면서 성에 대해서도 자연스럽게 배울 거예요." 샘이 말했다.

다시 꿈의 지도로 돌아갔다. 보건샘은 꿈은 내 인생의 목적지라고 하셨다. 첫 번째 여정인 '구체적인 꿈'을 생각해보았다. 우선 버킷리스트를 작성해보면서 내가 좋아하고, 잘하고, 하고 싶고, 관심이 많고, 남기고 싶은 여러 가지 것들을 적어보았다. 처음에는 적을 게 하나도 없다고 생각했는데 차근히 생각해보니 점점 더 많이 생겼다. 신기하기도 했다.

나는 그리는 걸 좋아하고, 음악을 듣거나 랩 하는 걸 좋아하고 운동을 좋아하고, 축구를 잘하고, 친구들이랑 대화하는 걸 좋아하고 잘 들어 준다. 공부를 잘하고 싶고, 돈 많이 벌어 효도하고 싶고, 엄마랑 여행도 갔으면 좋겠고, 나중에 기회가 된다면 진짜 괜찮은 사람이랑 연애도 하고 싶다. 요즘은 또래 상담도 해보니 상담하는 것이나 미술, 의상 디자인에도 관심이 많이 생겼다. 죽기 전에 남기고 싶은 건…. 성장 노트?!

지도 위에 있는 4가지 섬 중에 마지막 섬을 가리키며 샘이 말했다.

"꿈에 지도를 그릴 때 가장 중요한 건, '꿈'이라는 최종 목적지에 이미 도착했다고 상상하고 적는 거예요. 이 도착지에서 나를 보는 거죠. 꿈을 이루기 위해 어떤 것을 해야 할지 '나'를 본격적으로 탐색해 볼 거에요. 꿈 정할 때는 두 가지를 기억하면 좋아요. 첫째는 내가 좋아하고 잘하는 것을 생각해보고, 둘째는 다른 사람을 돕는 일을 생각해보면 좋겠어요. 자~. 다들 진행 속도가 다르지만, 자기답게 하면 돼요. 차근히 생각해보고, 어려우면 샘이랑 이야기해 봅시다." 보건샘이 교실을 돌다 내 옆에서 멈췄다.

"구체적으로 적었구나. 수영아, 꿈은 매번 바뀔 수 있어. 자주 바뀌어도 괜찮아. 자연스러운 거니까. 이 중에서 하나를 골라 볼까? 가장 좋아하고 잘하는 것도 좋아." 샘이 말했다.

"가장 좋아하는 건 축구에요." 내가 웃으며 말했다.

"그럼 그 '축구'라는 키워드로 꿈을 만들 거야. 꿈은 '축구선수'처럼 직업적인 것보다 '축구를 좋아하는 사람'처럼 하는 일이나 행동을 쓰면 돼. 그러면 목표도 자연스럽게 정해질 수 있어. 이번에 경기 있지?" 샘이 말했다. 날 관심 있게 봐주신다는 느낌이 들어 좋았다.

"네, 이번 봄에 도 대표 선발전이 있어요." 내가 신나서 말했다.

"잘 됐다. 그럼 그건 목표가 되는 거야."

나는 꿈의 지도 젤 왼쪽에 '축구를 좋아하는 한수영'이라고 적었다. 그리고 그 밑에 '축구 도 대표 선발!'이라고 적었다. 뭔가 당장 축구를 하러 가야 할 것 같은 느낌이 들었다. 나는 시간이 좀 더 있어서 몇 가지 꿈을 더 적었다. '상담사'라고 적는 게 아니라고 했으니까… '대화를 좋아하고, 경청하는 사람'이라는 꿈 하나를 더 생각해보았다. 그리고 그 밑에는 '고등학교 또래 상담사'라는 목표도 적어보았다.

"자~. 여러분, 두 번째 여정인 '다양한 감정'을 살펴봅시다. 우리 '감정'은 나의 '느낌'으로 표현할 수도 있어요. 감정에는 좋은 감정과 나쁜 감정이 있어요. 꿈을 구체적으로 적은 수영이가, 자기 꿈과 관련된 두 가지 감정으로 설명해줄 수 있나요?" 샘이 날보며 말했다.

갑자기 발표하게 돼서 당황했지만 나는 생각나는 것을 이야기했다. 나쁜 감정은 축구를 하고 집에 갔을 때 엄마가 짜증을 낼 때였다. 축구 하는 걸 싫어했기 때문이다. 특히 남자애 같다면서 자꾸 뭐라 했다. 그래서 나도 같이 짜증이 났다. 좋은 감정은…. 축구 연습하고 훈련할 때는 힘들었지만, 애들이랑 팀플레이가 잘 되고, 후회 없이 열심히 뛰었을 때나, 특히 이겼을 때 정말 뿌듯한 마음이 들었다.

"감정을 아주 잘 표현해주었어요. 모두 수영이에게 박수~!" 샘이 손뼉치며 말했다.

캠프를 하며 모르는 사람들도 있었는데, 여러 사람에게 박수를 받으니까 기분이 좋았다. 보건샘은 이런 두 가지 감정이 느껴질 때가 연습하기 가장 좋은 타이밍이라고 하셨다. 샘은 이어서 말씀하셨다.

"나쁜 감정, 좋은 감정을 내가 느꼈을 때, '느낌 거울 보기' 연습을 할거에요. 다 같이 내가 거울을 통해 나를 보고 있다고 생각하고 눈을 감을게요. 그리고 나쁜 감정을 먼저 떠올려볼게요. 그때 3가지를 할 텐데요. 우선 나쁜 감정이 느껴졌을 때, 첫째는 잠시 행동도 멈추고 잠시 생각도 멈춘 채 거울 보듯이 나를 살펴봐요. 둘째는, 심호흡하면서 내 호흡을 3번 이상 천천히 느껴봐요. 그리고 마지막엔 감사하는 마음을 불러일으킬 거예요."

나쁜 감정 때문에 감사하는 마음이 전혀 생기지 않는다는 선우의 질문에 샘이 답했다.

"우린 인간이니까 그게 더 당연하고 자연스러운 거예요. 그래서 훈련이 필요해요. 선생님은 너무 부정적인 감정으로 복잡할 땐, 걸으면서 외쳐요. '감사합니다'를 왼발 오른발 한 걸음 걸을 때마다 외치죠. 그러면 조금 더 나를 긍정적으로 보는 관점의 변화가 생겨요."

"아~. 우리 엄마가 잔소리할 정도로 아주 건강해서 감사합니다! 이렇게요!?" 내가 말했다.

선생님은 한 수 배웠다며 나를 칭찬해주었다. 나는 나무님에게 배운 게 생각나서 말했다.

"요즘 상황이 어떻든 긍정적으로 보려고 노력해요. 저는 이 관점을 '무지개 안경'이라고 부르는데요. 예전 같으면 '경기에 졌으니, 내 인생은 망했어.'라고 암울한 회색 안경만 쓰고 봤어요. 하지만 요즘엔 노란색 안경을 쓰고 좋은 점을 보려고 해요. '나는 대표 선발에 가까워지고 있어. 이런 시련이 있어야 게임이 재밌지~.'라고 바뀌었어요. 내가 보는 관점만 바뀐 것뿐인데, 내 주변 환경이 변해서 신기해요." 내가 말했다.

"정말 굉장한 경험을 했네요. 수영이가 강의해도 되겠어요." 보건샘이 말했다.

계속되는 칭찬은 나를 춤추게 했다. 무엇보다 내 관점이 변화되었다는 것을 발표하면서 알게 되었다. 비가 오고 안개 끼던 내 마음에도 무지개처럼 새로운 희망이 생긴 느낌이었다. 내 관점만 바뀌었을 뿐인데 내 마음에도 변화가 왔다. 내 생각도 조금씩 달라졌다. 그렇게 내가 바뀌니 내 주변 환경도 바뀌었다. 나를 바라보는 마음이 조금 바뀌었을 뿐인데, 내 꿈과 삶이 변화된다는 것이 너무 흥미로웠다. 보건샘은 당부의 말을 하셨다.

"오늘 캠프를 통해 만든 '꿈의 지도'는 자주 보는 곳에 두세요. 그리고 명함 사이즈처럼 작은 하얀색 종이엔, 오늘 정한 꿈과 목표를 적으세요." 샘이 종이를 주며 말했다.

나는 꿈 두 가지와 목표를 적고 뒷면에다 성장 확언 7가지를 적었다. 그리고 매일 볼 수 있게 휴대폰 케이스 안에 넣어두었다.

- 3 -

도움 구하는 건 창피한 게 아니야

이 추천해주는 책들을 읽어봐. 좀 더 쉽게 내 인생의 방향을 찾게 될 거야

점심시간.

나는 며칠을 굶은 사람처럼 남들 눈치 안 보며 밥을 해치웠다. 치킨이 아주 맛있었다. 선우가 준 것도 아쉬운 마음에 하나 더 먹었다. 뷔페라 좋았다. 먹으면서 신나게 얘기하니 출출해서 또 먹고 싶은 아쉬운 마음이 있었다. 그때 나무님이 얘기해준 '조절 그릇을 키워!'라고 했던 말이 생각났다. 젓가락을 살며시 내려놓았다. '1mm라도 조절 그릇이 커졌겠지?'

"우리 소화 시킬 겸 운동장 돌까?" 선우가 말했다.

"좋지~. 선우야 너는 음식 먹는 거 조절해?" 내가 걸으며 물었다.

"아니, 나는 가볍게 먹는 게 속이 편해서 좋아."

아침과 저녁 바람은 조금 쌀쌀했지만, 낮에는 햇살이 따뜻했다. 운동장에서 걷고 있는 우리 뒤에서 뭔가 수군대는 소리가 들렸다. '쟤야 쟤. 김선우~.' 선우 이름이 나에게도 들렸다.

"뒷말 말고 앞에서 말해!" 선우가 수군대는 애들을 보며 말했다.

"아…. 너 이야기한 거 아니야." 한 애가 말했다.

"한 번만 더 뒤에서 수군대기만 해봐라! 확 그냥!!!" 화가 난 선우가 큰 목소리로 말했다.

최근에도 선우 얼굴을 캡처해서 성인 잡지 모델이랑 합성한 능욕 사진을 퍼트린 일이 있었다. 디지털 장의사에게 요청해서 지웠지만 언제 다시 그런 일들이 벌어질지 몰라 불안하다고 했다. 이제야 밖으로 나온 선우를 함부로 이야기하는 애들이 있었다. 어설프게 알고선 뒷말하는 아이들이 더 많았다. 그때, 인상을 잔뜩 쓰며 우리에게 오는 아이가 있었다.

"야! 김선우! 네가 뭔데, 내 여친 겁주고 협박하냐." 걔 남친이었다.

"네 여친이 한 건 모르지? 한 사람 얘기만 듣고 이러는 것도 협박 아닌가??" 선우가 말했다.

"걸레면 다냐. 말 좀 곱게 해. 어!!!" 남친이 말했다. 듣는 내가 짜증이
더 났다.

"이런 ㅅㅂ, 개 같은 XX가 여기까지 와서 행패야! ㅈㄴ, 재수 없어." 선
우가 진짜 화났다.

선우는 여태껏 본 적 없는 모습으로 그 XX를 향해 욕을 퍼부었다. 나
도 옆에서 눈을 부라리며 있었다. 그때 태경 선배가 나타났다.

"선배! 쟤가 선우 괴롭혀요!" 나는 선배에게 도와달라는 눈빛을 보냈
다.

"김선우! 네가 이렇게까지 흥분하는 거 보니 이유가 있을 거야. 그렇
지?" 선배가 물었다.

"아이~C 잘하고 있었는데…. 내가 해결할 수 있어. 옆에서 지켜봐
줘." 선우가 말했다.

선배가 나타나자 그 남친의 줄어든 목소리 크기가 귀에 거슬렸다. 남
친이 입을 열었다.

"오~. 그러세요. 그럼 한번 말 좀 잘 해보자. 왜 여기까지 나타나서 내
여친 괴롭히는데?!"

"괴롭히는 건 네가 하는 행동 같은데?!" 선우가 말했다.

"됐거든요~. 네가 한 행동이나 인정하시지. 감히 내 여친 껄 줘?!" 남

친이 말했다.

나는 선생님을 모셔왔고, 우리는 지도 선생님들과 함께 이야기를 했다.

"무슨 일인지 선우가 먼저 이야기해 줄 수 있겠니?" 보건샘이 말했다.
"밥 먹고 운동장 돌 때, 쟤 여친 패밀리들이 뒤에서 수군거렸어요. 제 이름이 분명히 들렸거든요. 그래서 저는 뒷말하지 말고 앞말 하라고 화나서 이야기했죠. 근데 그 여친 얘기 듣고서 오지랖 넓은 쟤가 와서는 여친 협박했다면서 저한테 '걸레'라고 말했어요. 그 말 듣고, 전 열 받아서 욕했어요. 저도 욕하고 잘못한 건 알겠지만, 저렇게 센 척하는 남자애들한테는 정당방위였다고 생각해요." 선우가 말했다.
"남친아, 이젠 네가 이야기해 볼래?" 샘이 남친에게도 말할 기회를 줬다.
"저 걸레라고 한 적 없거든요~. 쟤가 먼저 욕해서 저도 겁준 거예요." 남친이 말했다.

억울했다. 내가 똑똑히 들었는데 거짓말을 하다니. 내가 나서려 하자, 선우가 팔로 나를 막았다. 선우는 선생님에게 녹음해둔 걸 들려주었다. 음성으로 다시 들으니, 통쾌하면서도 다시 그 상황에 들어간 느낌이 들어 더 불편해졌다. 이상한 감정이었다. 다 듣고 난 뒤 오지랖 넓은 남친을 보며 보건샘은 말했다.

"이게 괴롭히는 거라는 걸 아니? 괴롭힘부터 폭력은 시작인 거야! 뒷말이 더 부풀어져서 언어폭력이 된다고. 너희들도 기분이 나쁠 수 있겠지. 그 마음을 알겠지만, 지금 이 행동은 완전히 잘못된 거야. '걸레?' 네가 장난으로 던진 돌에 개구리는 맞아 죽을 수 있어. 너는 말장난이고, 죽일 생각 없을 수 있지만, 돌 맞은 개구리가 받은 그 고통은 생각해봤니?"

나는 점점 더 일이 커지는 걸 느꼈다. 괜히 내가 고자질처럼 선생님에게 이야기해서 선생님도 힘들고, 선우도, 다들 심각해지는 상황이 불편했다. 그때 선생님이 입을 열었다.

"학교 밖이든 학교 안이든 모두 사람이 사는 곳이야. 어디서든 에티켓이 있는 거라고! 오히려 이번 기회에 너희들 인생에 필요한 에티켓을 배울 기회라고 생각해. 다들 이리 와봐."

다들 의자를 가지고 선생님 주변으로 둘러앉았다. 선우는 자기보다 선생님이 더 폭력을 나쁘다고 말하는 모습에 화난 게 누그러진 것 같았고, 태경 선배는 계속 차분하게 듣고 있었고, 나만 아직도 안절부절 불안한 느낌이었다.

"이런 일이 생겼을 때 도와 달라며 이야기하는 건 고자질하는 게 아니야. 제대로 도움을 구한 것이지. 도움 요청하는 건 창피한 게 결코 아니야. 믿을 만한 어른들에게 먼저 말해주었으면 좋겠다." 샘이 말했다.

"믿을 만한 어른이 없으면요? 저는 없는 것 같아요." 선우가 말했다.

"혹시 대화가 될 것 같은 사람 중에 생각나는 사람 있을까?" 보건샘은 선우에게 물었다.

"네, 아빠랑 샘 이렇게밖에 생각 안 나요." 선우가 답했다.

"보통은 거의 없거나 부모님 생각하는데, 선우는 그래도 잘 찾아 둔 편이야~. 생각해보니, 너희들이 믿을 만한 어른이 없는 이유가 있는 것 같네. 내가 어렸을 때 생각해도 믿을 만한 어른이 많지 않았거든. 어른들을 대표해서 선생님이 사과할게. 미안해."

선생님 말씀을 들으며 불안한 마음이 가벼워졌다. 어른에게 사과받아 본 적이 없는 것 같아서 어안이 벙벙했다. 아무 말 하지 못하고 있는 우리에게 선생님이 말했다.

"도움을 구할 수 있는 어른을 찾는 법은 어렵지 않아. 너희들의 이야기를 들어줄 어른인지 아닌지는 너희들이 본능처럼 더 잘 알 거야. 우리 주변엔 미리 준비된 어른들이 있거든. 하지만 그분들도 여러 가지 상황이 있으니까…. 이야기 나눌 수 있는지 예의 갖추고 여쭤보는 것도 필요해.

그리고 너희들 뇌는 아직도 성장하고 있어. 인간의 뇌는 20대까지는 크니까. 그래서 20대까지는 내 인생의 멘토나 스승을 찾으면 좋겠다. 찾기 어렵다면 더 쉬운 방법이 있어! 샘이 추천해주는 책들을 읽어봐. 좀 더 쉽게 내 인생의 방향을 찾게 될 거야."

선생님 이야기를 들으면서 나는 나무님을 생각했다. 내 마음의 스승. 요즘 생각이 많아서 잠을 잘 자지 못해 그런가? 통 보질 못했다. 보지 않아도 내 안에 있으니 괜찮긴 하지만, 이번에 보면 안겨 펑펑 울고 싶다. 그럼 두통도 좀 나아질 것 같았다.

나무샘의 추천도서

1. 고민이 많은 사춘기를 위한 성장도서
- 야마키 슈, 2018, 『아들러 선생님 고민 있어요!』, 길벗어린이
- 폴 J. 마이어, 2007, 『사람들이 어떻게 살든 나는 행복해지기로 했다』, 책이있는마을
- 오프라 윈프리, 2014, 『내가 확실히 아는 것들』, 북하우스

2. 성에 대해 알고 싶을 때 찾아보면 좋은 책
- 이현혜, 2015, 『좋아서 껴안았는데 왜?』, 천개의바람
- 푸른아우성, 2019, 『아우성 빨간책(여자 · 남자 청소년 편)』, 올리브M&B
- 제인 폰다, 2016, 『돌직구 성교육』, 예문아카이브
- 치마만다 응고지 아디치에, 2016, 『우리는 모두 페미니스트가 되어야합니다』, 창비
- 인간과 성 교육 연구소, 2015, 『성교육 상식사전』, 길벗스쿨
- 정연희 외, 2014, 『십대를 위한 사랑학개론』, 꿈결
- 토니 포터, 2016, 『맨박스』, 한빛비즈

3. 부모님과 말이 안 통할 때 나무샘 추천이라며 슬며시 건네줄 책
- 이임숙, 2015, 『엄마의 말 공부 1,2』, 카시오페아
- 손경이, 2018, 『당황하지 않고 웃으면서 아들 성교육 하는 법』, 다산에듀
- 손경이, 2018, 『움츠러들지 않고 용기있게 딸 성교육 하는 법』, 다산에듀

공감하고 싶니? 공감받고 싶니?

공감은 1mm라도 너의 마음에 다가가려는 나의 마음

2교시 '공감 대화하기'

우리가 생각하는 '공감'은 무엇인지 포스트잇에 적도록 샘이 말했다.

"이때 사전 뜻 '공감'을 적는 게 아니에요. 내가 경험하거나 느껴보았던 '공감'을 적는데요. 공감한 기억이나 공감받았던 때, 그것도 아니면 상상으로 적어볼게요."

공감이란, 내 이야기를 들은 친구가 끄덕여주는 것.
공감이란, 울고 있는 친구 옆에서 함께 있어 주는 것.

공감이란, 너의 힘든 그 마음을 안아주는 것.

공감이란, 친구 강아지가 죽었을 때 옆에서 웃고 떠들지 않는 것.

공감이란, 친구의 재밌는 이야기를 들으면 마음이 즐거워지는 것.

공감이란, 친구의 슬픈 이야기를 들으면 내 마음이 아파지는 것.

우리는 공감에 대한 기억을 공유했다. 보건샘이 먼저 말했다.

"저는 '공감을 1mm라도 너의 마음에 다가가려는 나의 마음'이라고 했어요. 공감은 타고 나는 게 절대 아니에요. 우리는 평소에 공감하는 법을 배우고 또 배워야 해요. 배우고 연습하면 언제든지 쓸 수 있어요. 그리고 효과는 진짜 강력해요!"

공감은 힘들 때나 기쁠 때만 쓴다고 생각했는데. '평소에 공감을 연습하라.'는 의미를 물어보았고, 보건샘은 잊지 않도록 자주 꺼내서 쓰는 연습을 해두어야, 필요한 때 바로 꺼내서 쓸 수 있다고 말씀해주셨다.

"아직 잘 안 와닿아요. 예를 들면요?" 선우가 물었다.

잠시 생각하던 샘은 함께 쓴 공감 내용 중에서 하나의 예를 들어주었다. 소중히 키우던 강아지가 죽었다고 슬퍼서 우는 친구가 있었다. 그런데 A는 그 친구의 바지가 쭈욱~하고 찢어진 게 너무 웃겼다. 웃고 싶지만 웃을 수 없는 상황. A는 웃고 싶은 마음이 들었다. 이 상황을 들려주며 보건샘은 계속해서 이야기했다.

"이때 A의 마음은 이상한 걸까요?"

"마음은 아주 아주 정상이죠~." 선우가 답했다.

"그럼, 그 상황에서 A도 모르게 풋! 하고 웃어버렸어요. 이 행동은요?"

"그것까지는 모르겠어요." 선우는 고개를 갸우뚱하며 말했다.

"A가 '쟤 바지가 찢어졌다. 완전 웃기다.'라고 계속 떠들고 다니고 놀려 댔어요. 이것은요?"

"에이, 그건 아니죠!" 선우는 손사래를 쳤다.

샘은 중요한 내용을 짚어주었다. 친구의 상황은 슬프지만, 웃고 싶은 마음은 자연스러운 것이다. 하지만 슬퍼하는 친구를 놀리는 그 행동은 괴롭힘의 시작이었다. 웃고 싶은 마음은 이해하지만, 웃긴다며 떠들어대 고 놀린 그 행동까지 옳은 것은 아니었다. 아무리 작은 괴롭힘이라 할지 라도 말이다. 괴롭힘을 시작으로 점점 강한 폭력으로 변해가기 때문이었 다. 공감은 이래서 배워야 하는 것이었다.

"마음은 언제든 옳아도, 행동까지 옳은 건 아니네요." 선우가 말했다.

"그래서 우리는 어떤 상황을 만났을 때, 내 말과 행동을 '선택'해요. '웃 을지, 참을지'처럼요. 그리고 그 '선택'에 대한 책임을 지고, 그 선택을 존 중할 수 있어야 해요. 여러분은 앞으로 선택을 할 때 긍정적 선택을 할 건가요? 아니면 부정적인 선택을 할 건가요?" 샘이 말했다.

긍정적인 것은 '감사, 공감, 존중'과 같은 긍정적인 마음을 선택하는 것이고, 부정적인 것은 '남 탓, 내 탓, 환경 탓'하며 핑계를 대거나, 불평불만을 늘어놓는 것이었다. 나는 내가 요즘 실천하고 있는 것들을 선생님도 이야기해주는 게 너무 재미있었다. 이래서 우주의 법칙이라고 나무님이 이야기해줬구나 싶었다. 모든 것은 통한다는 걸 알게 되었다.

"우리는 어떤 '상황'에서 '선택'을 해요. 그리고 그 선택에 대한 '책임'을 지고, 그 선택을 '존중'하죠. 이때 선택하는 두 가지 방법이 있어요. 하나는 나를 보호할 수 있어야 하고, 다른 하나는 남의 선택이 아닌 내가 선택하는 거예요. 이렇게 먼저 나를 안전하게 보호하고, 남이 아닌 내가 직접 선택을 해야 해요. 그러면 우리는 남 탓을 하거나 불평불만 없이, 나의 결정에 책임지고, 나의 선택을 존중할 수 있어요." 샘이 말했다.

나는 샘의 이야기를 들으면서 확언이 떠올랐다. '나는 탓하거나 핑계를 대지 않습니다.', '나는 불평불만 대신에 감사를 외칩니다.' 보건샘은 작은 노트를 주며 말을 이었다.

"자, 그런 의미에서 감사일기를 적어볼게요. 아까 잊어버리지 않으려면 자꾸 연습해야 한다고 했죠? 그런 의미에서 매일 감사일기를 쓰면 정말 좋아요. '감사 근육'을 키우는 운동이에요. 1교시 꿈에 대해 들었던 생각이나 감정 중에서 감사할 것들을 찾아볼까요?"

우아~. 이래서 감사일기를 쓰라고 나무님이 했구나. 진짜 우주의 법칙은 다 통하는 것이었다. 내가 그동안 열심히 준비한 숙제를 선생님께 잘했다며 별 다섯 개 받은 느낌이었다.

오늘의 감사 일기

'축구를 좋아하는 사람'이라는 꿈이 더욱 명확해져서 감사합니다.
후회 없이 뛰어서 이긴 내 모습을 생각하니 기쁘고, 감사합니다.
팀플 좋은 친구들이랑 힘든 훈련을 잘 해내고 있어서 감사합니다.
'대화를 좋아하고, 경청하는 사람'이라는 꿈도 갖게 되어 감사합니다.
엄마를 목소리 크고 기운 센 히어로처럼 생각하게 되어 감사합니다.
여자는 축구선수 할 필요 없다는 엄마에게 꿈을 이룬 모습을 보여줄 나에게 감사합니다.

다들 힘겹게 적고 있었다. 나는 펜을 내려놓고 다른 친구들을 찬찬히 보았다. 참 뿌듯했다. 예전보다 좀 더 나아진 나를 보는 것 같았다. 선생님이 내 감사일기를 봐도 되겠냐고 물어보셨다. 나는 "네"라고 이야기하며 보여드렸다.

"수영이는 평소에 감사가 넘치는 것 같아요. 이거 친구들이랑 공유해도 될까요?"
"네, 괜찮아요."
"여러분, 수영이가 쓴 내용을 함께 공유해볼게요.

'축구를 좋아하는 사람'이라는 꿈을 이해 못 하는 엄마 관련해서 쓴 내용인데요. '여자는 축구선수 할 필요 없다는 엄마에게 꿈을 이룬 모습을 보여줄 나에게 감사합니다.'라고 썼어요. 선생님은 이걸 보면서 다시 배웁니다. 미래의 나의 모습인 '꿈'에 미리 도착해서 쓴 감사일기라는 생각이 들어요. 그래서 '보여줄~.' 보다 더 확실하게 '보여준~.'으로 바꿔서 쓰면 어떨까요? 더욱 확실하게 이뤄진 형태로 적으면 좋겠어요."

격하게 공감한 나는 두 줄을 그어 지웠다. 그리고 그 아래 정성껏 한 문장을 더 적었다.

'여잔 축구선수 할 필요 없다는 엄마에게 꿈을 이룬 모습을 보여준 나에게 감사합니다.'

"자~. 공감을 불러일으키는 방법이 하나 더 있는데요. 'ㅈㅁ'을 활용하면 공감에 더 가깝게 갈 수 있어요. 'ㅈㅁ'은 무엇일까요?" 우리가 반응이 없이 조용해지자, 샘은 '쉬운 말로 묻는 것'이라는 힌트를 주었다.

"질문이요!" 한 친구가 말했다.

"그래요~. '질문'을 잘 활용하면 공감을 좀 더 할 수 있어요. 자~. 문제를 하나 더 낼게요. 나는 친구가 힘들어서 이야기를 들어주고 있어요. 근데 계속 힘들어하고, 불평불만만 하는 친구 이야기를 듣다 보니 내가 너무 지쳐요. 얘기를 듣다가 내가 죽을 것 같아요. 이때는 '공감'이라고 부르지 않고 뭐라고 부를까요? 4글자인데요. 초성은 ㄱㅉㄴㄷ이에요."

가만히 듣고 보니, 그동안 내가 겪었던 일이 ㄱㅈㄴㄷ이었다. 순발력 있는 퀴즈의 달인 태경 선배가 '감정노동'이라고 대답했다. 나는 궁금한 게 생겨서 보건샘에게 물었다.

"그동안 친구들 얘기 들어주느라 힘들었거든요. 근데 저는 일부러 추측한 게 아니에요. 저도 모르게 그렇게 돼요. 질문을 어떻게 해야 저도 지치지 않고 공감할 수 있어요?"

"지금 수영이처럼 하면 돼요. 진짜 궁금해서 물어보는 거죠."

"아~~~. 근데, 진짜 안 궁금한 때도 있어요…." 나는 솔직한 마음을 말했다.

"잘 모를 땐 아는 척하지 않고, 이해하는 척하지 말고, 고개만 끄덕이지 말고 물어봐 주면 돼요. 아까 강아지가 죽어 슬퍼하는 친구를 보면 어떤 추측을 할 수 있어요?" 샘이 물었다.

나는 또래 상담 교육할 때 배웠던 '~구나'가 생각났다.

"아이코…. 강아지가 죽어서 매우 슬프겠구나." 말해놓고 뭔가 영혼이 없게 느껴졌다.

"네~. 보통 그렇게 물어보면 공감한다 생각하는데요. 그때 내가 생각하는 것만 말하지 않고, 이런 식으로 궁금한 걸 물어보는 거예요. 그 강아지 어디에서 데리고 온 거야? 개 이름은 뭐였어? 그렇게 슬퍼하는 거 보니, 너한테 그냥 강아지가 아니었나 봐." 샘이 말했다.

"아, 그럼 할 말이 좀 더 생길 것 같아요." 나는 이제 조금 이해가 되었다.

"공감에 대해 좀 더 이해한 것 같네요. 그럼, 잠깐 쉬고 2교시 공감 연습을 더 해볼게요!"

- 5 -

말하지 않으면 몰라

말하지 않으면 누구든지 알 수 없어요. 설령 아무리 나를 사랑해주는 가족이라고 할지라도 말이에요

공감 대화 연습 시간, 우리는 대화를 위해 서로를 보고 앉았다. 3~4명이 한 모둠이 되었다. 모둠의 '주인'은 1명씩 있었는데, 주인의 역할은 단 하나였다. 손님을 맞이하며 '거울'처럼 이야기한 내용을 되돌려주는 것이었다. 가만히 있는 걸 싫어하는 나는 주인이 되지 않은 게 다행이라고 생각했다. 우리는 꿈에 관해 이야기하면서 서로 더 친해졌다. 그리고 태경 선배가 주인인 모둠으로 갈 타이밍이었다. 보건샘은 잠깐 모둠 대화를 멈춘 뒤 말씀하셨다.

"여러분, 우리는 모두 꿈 메신저이죠. '메신저'는 메시지를 전하는 사람인데요. 어떻게 메시지를 전해야만, 진짜 내가 원하는 메시지를 전할 수 있을까요?"

"근거를 들어서 말하면 잘 전달될 것 같아요." 태경 선배가 말했다.

"태경이 말처럼 하면 잘 전달될 수 있겠네요. 하지만 근거를 들어 말하는 것은. '말의 내용'에 대한 것인데 이것은 7%밖에 전달되지 않아요. 그럼 93% 나머지는 뭘까요?"

"오감으로 느껴지는 바디랭귀지나 제스처요."

이번에도 태경 선배였다. 나는 태경 선배를 보고 선우의 얼굴을 보았다. 미간을 잔뜩 찌푸리고 있는 표정을 보니 뭔가 맘에 안 든다는 듯이 보였다. 바디랭귀지만으로도 충분히 전달된다는 말이 선우를 보니 딱 맞았다. 티격태격하면서도 서로 챙겨주는 남매를 보는 재미가 있었다.

"태경이가 잘 알고 있네요. 책을 많이 읽은 게 티가 나요. 이것을 〈메라비언의 법칙〉이라고 해요. 예를 들어 이 법칙을 설명하는 상황이라고 생각하고 비교해볼게요. 샘의 동작도 함께 보세요. 말하는 사람의 표정과 자세가 '(어깨를 펴고 주먹을 쥐면서 말해서) 진지할 때'와 '(머리를 긁적이면서) 망설이면서 말할 때'가 느낌이 다르죠? 또 좋은 목소리는 아니라고 할지라도, 자신감 있는 목소리를 갖은 사람을 신뢰하게 돼요. 태도에서부터 믿음을 주는 거죠." 샘이 손짓과 함께 말씀하셨다.

같은 내용을 비교해서 보여주니까 자세랑 말투에서 확연히 다른 게 느껴졌다. 대화할 때 핵심은 상황이나 내용에 맞는 바디랭귀지를 하는 것이 상대방에게 믿음을 줘서 말을 잘하는 것처럼 보이게 한다는 거였다. 말을 잘하고 싶었던 나는 그때부터 보건샘의 손짓을 보며 따라 했다.

"자~. 지금부터 해 볼 것은 '집에서 나의 모습'에 대해 얘기할 거예요. 특히 싫은 말을 들었을 때 효과적인 대화법인데요. 이 방법을 배우면, 내 감정을 알 수 있고, 가족들에게 내 감정을 알려줄 수 있고, 무엇보다 좋은 점은 상대방이 기분 나쁘지 않게 내가 원하는 것을 말할 수 있어요. '1석 3조'를 얻을 수 있는데 어때요. 같이 알아볼까요?" 샘이 말했다.

나는 꼭 알고 싶었다. 엄마에게 혼나지 않고 말하고 싶었기 때문이다. 우선, 1교시 때 배운, '느낌 거울 보기'를 다시 연습했다. 집에서 싫은 말을 들었을 때를 상상했다. 30초 동안 내 마음을 거울 보듯 살펴보았다. 호흡을 천천히 크게 쉬고, 천천히 내뱉는 게 중요했다. 눈을 감고 샘의 목소리에 맞춰서 10번을 해보았다. '(숨을 마시면서) 좋은 것만 들어오고, (숨을 내뱉으면서) 나쁜 게 모두 나간다.'를 반복했다. 신기한 건, 싫었던 그때를 떠올리며 나와 엄마를 바라보는데, 하늘에서 보고 있는 기분이 들었다.

"자~. 이제 감정을 느꼈으니, 본격적으로 이야기할게요.
이것은 '나 전달법'이라고 하고, 'I-message'라고도 해요.

3단계가 있는데요. 첫 번째는 내 상황, 두 번째는 내 느낌, 세 번째는 내가 원하는 것을 말하는 훈련이에요. 예를 들어볼게요. 첫째 (내 상황) '나는 아빠·엄마가 공부하라고 자꾸 얘기하면', 둘째 (내 감정) '나는 공부하기가 더 싫어져요', 셋째 (내가 원하는 것) '내 계획대로 공부하게 놔뒀으면 좋겠어요.'라고 말하는 거예요." 샘이 말했다.

좀 더 알려주신 내용은 구체적이었다. 첫째, 내 상황에서는 '나'를 주어로 상대방의 말과 행동을 '상황'으로 넣는 것이었다. 둘째, 내 감정에서는 그 말과 행동 때문에 '내'가 느낀 '감정'을 표현하는 것이었다. 마지막으로, 내가 원하는 것은 상대방이 들어주었으면 하는 '나의 바람'을 이야기하면 되었다.

우리 모둠은 집에서 싫은 말을 들었던 그때가 되었다고 생각하고 나 전달법이 효과가 있는지 살펴보았다. 태경 선배의 차례가 왔다.

"나는 아빠가 '빚 때문에 힘들다고, 너희 때문에 죽지 못해 산다.'라고 말하면, 내 마음은 갈기갈기 찢어져. 아빠, 내가 곧 열심히 일해서 돈 많이 벌어 올 테니까 우리 오래오래 살자."

나와 친구는 아직 잘 모르는 우리에게 너무 솔직하게 감정을 표현하는 태경 선배가 놀라웠다고 소감을 말했다. 힘든 상황을 이야기하면서도 담담하게 말하는 모습이 멋져 보였다.

이번엔 내 차례였다.

"나는 엄마가 축구하지 말라고, 계집애가 얌전히 좀 있으라고 말할 때, 너무 괴로워. 엄마…. 나 축구해 볼게. 날 믿고 조금 더 지켜봐요." 눈물이 핑~. 목소리가 떨리는 게 느껴졌다. 다른 사람들이 눈치챘을까? 나는 내 이야기를 듣고 있는 두 사람을 쳐다보았다.

"이렇게 있으면 안 되겠네! 축구 한판 하러 갑시다!" 선배가 말했다.

갑자기 웃음이 빵~. 터졌다. 그리고 나에게 진심이 느껴져서 좋았다고, 내가 엄마라면 꼭 믿고 기다려줄 것 같다고 이야기해주었다. 따뜻하고 뭉클한 '무엇'인가가 느껴졌다.

"자~. 나 전달법을 연습해보았는데요. 여기엔 주의사항이 두 가지 있어요. 첫째는 자주 연습해야 내 감정을 잘 표현할 수 있어요. 선생님도 평소에 사용하려고 노력하지만 잘 안 될 때가 있어요. (웃음) 그러므로 꾸준히 연습이 필요해요. 둘째는 톡이나 전화보다는 '얼굴을 보면서 직접 말하는 것'이에요. 그 이유는 아까도 이야기했지만, 말의 내용보다는 자세, 눈빛, 목소리가 내 마음을 제대로 전달할 수 있기 때문이에요." 샘이 말했다.

나는 이다윤과 헤어질 때가 생각나서 보건샘에게 이별할 때 대화하는 법을 물었다.

"샘은 최근 학생들이 이별을 톡이나 전화로 하는 경우를 봐요. 이건 사랑했던 사람에 대한 예의가 아니에요. 그리고 이런 상대방과 사귀었다면 잘 헤어진 거죠. (웃음) 보통은 만나서 헤어지자고 이야기하는 게 인성이 된 사람인 거예요. 단, 폭력적인 사람이라면 상황을 더 살펴봐야 해요. 친구와 함께 만나거나, 샘과 상담하거나, 어른과 함께 만나는 것도 도움이 돼요. 그리고 말로 하기 힘든 경우에는 손편지로 마음을 전하는 것이 좋아요."

아빠의 편지가 내 머릿속을 스쳤다. 나는 편지가 보기 싫었다. 그래서 편지를 서랍 깊숙한 곳에 넣어두었다. 왼쪽 머리를 묵직한 무언가가 계속 누르고 있었다. 떠올리기 싫었다. 내가 집어넣을수록 자꾸 튀어 올라오는 공 같았다. 깊숙한 아래로 밀어 넣으려고 힘을 더 주면 더 강하게 튀어 올라왔다. 그때 선우가 질문하는 게 들렸다.

"저는 제 감정을 잘 모르겠어요. 생각하는 게 힘든데 꼭 해야 할까요?"
"아주 좋은 질문이에요. 이렇게 연습하는 게 많이 힘들죠. 샘도 포기하고 싶었던 때가 있었어요. 그런데도 긍정적인 감정을 떠올리고, 특히 감사하려는 마음이 생각하니 정말 도움이 됐어요.

예를 들어 예전의 나 '때문에' 힘든 감정을 느끼는 것이 아니라, 예전의 나 '덕분에' 내가 더 성장할 수 있는 거예요. 쉽게 표현하면 '감사 근육'을 키운다고 생각해요. 다리가 아파서 깁스해 본 적 있을 거예요. 그때 오랜 시간 동안 다리를 사용하지 않으면 근육은 어떻게 될까요?

점차 근육은 힘을 잃어요. 나이가 들수록 근력은 더 약해지고요. 운동으로 평소에 근육의 힘을 키워야 해요. 그래야 내가 필요할 때 달릴 수도 있고, 점프할 수도 있죠. '감사'일기도 똑같아요. 평소에 내 감정을 알아채고, 긍정적인 방향으로 바꾸면 내 인생도 그 방향대로 갈 수 있어요."

"저는 말하지 않아도 제 마음을 단번에 알아줬으면 좋겠어요." 솔직한 내 심정을 말했다.

"그럼 편할 것 같네요. 하지만 더 힘든 일도 생기지 않을까요? 내가 알고 싶지 않은 다른 사람들의 감정도 알아줘야 하고, 내가 보여주기 싫은 감정도 보여줘야 할 테니까요. 그래서 오늘 감사와 나 전달법을 배워 본 거예요. 내가 보여주고 싶은 감정을 내가 원하는 대로 표현하는 거죠. 말하지 않으면 누구든지 알 수 없어요. 설령 아무리 나를 사랑해주는 가족이라고 할지라도 말이에요."

샘의 말이 내 가슴에 콕 박혔다. 머리가 아픈데도 조금씩 이야기들이 들려왔다. 그리고 마지막 말이 내 귓가에 더욱 선명하게 들렸다. '사랑하는 가족일지라도 말하지 않으면 모른다.' 윽. 머리가 다시 아프다.

- 6 -

거절을 존중하는 연습

첫째는 나의 안전이 가장 먼저라는 것, 두 번째는 적정선을 넘지 않는 것이에요

"머리 아파? 우리 좀 걷고 올까?" 선우가 나에게 말했다.

"……." 나는 머리가 깨질 것 같아서 아무 말도 할 수 없었다.

"좀 쉬고 있어. 필요하면 얘기하구~."

머리가 아파 엎드려 있는 나를 챙겨주던 선우에게 괜히 미안해졌다. 마음이 불편하다. 5분도 못 있어서 자리에서 일어났다. 보건샘에게 가서 진통제를 받았다. 뭔가를 하면 좀 나아지겠지? 약을 먹고 다시 수업을 받았다.

"지금부터 배울 마지막 3번째 키워드는 뭘까요? 'ㅈㅈ' 두 글자 단어인데요. 샘에게 수업을 받았던 친구들이 주었던 단어의 뜻을 힌트로 줄게요. 한번 맞춰보세요." 샘이 말했다.

— 동생의 폰을 훔쳐보지 않는 것.

— 환경을 생각하는 것. 플라스틱을 분리수거 하는 것.

— 가장 친한 친구의 연애편지를 함부로 보지 않는 것.

— 친구랑 내가 눈을 마주치고 말하는 것.

— 내가 하는 이야기를 친구가 기억해두었다가 말해주는 것.

— 장난으로 꽃이나 나무를 꺾지 않는 것.

— 부모님의 지갑을 내 물건인 것처럼 생각하지 않는 것.

— 내가 화난다고 고양이나 강아지를 때리지 않는 것.

나는 감이 잘 안 왔는데, 애들은 초성 힌트에 익숙해졌나 보다. 바로 내 옆 친구가 손을 들어 '존중'을 맞췄다.

마지막 3교시의 주제는 '서로 존중하기'였다. 보건샘이 말했다.

"맞아요. 이제부터 '존중 감수성을 키우는 대화'를 목표로 진행해볼게요. 우리는 대화를 하면서 서로를 존중하는 법을 가장 잘 터득할 수 있어요. 만약에 가족이나, 내가 사랑하는 사람과 대화를 돌아봤을 때 '존중 대화'를 하고 있지 않다면, 오늘 배운 대화를 통해 '존중 감수성'을 높이는 것이 필요해요."

사례를 읽고 이야기를 공유하는 짝 활동. 나는 멍~해 있었다. 뇌가 멈춘 것 같았다. 응급처치가 필요했다. 선우에게 도움을 청했다.

"선우야, 나 머리가 너무 아파서 읽기 힘들어. 머리에도 안 들어오고."

"많이 아프구나. 좀 쉴까?" 선우가 걱정스런 표정으로 얘기했다.

"아니. 가만히 있으면 더 아파서…. 조금씩 해볼게. 네가 먼저 발표해 줄 수 있어?" 내가 말했다.

"그래 그럼, 내가 먼저 발표해 볼게." 선우가 사례를 읽었다.

> 나는 100만 명의 국민을 둔 대통령이다. 아주 작은 나라이지만 너무 아름답고 자원이 풍부하다. 호시탐탐 주변 나라에서 국경을 무단으로 침범해 오는 일이 잦았다. 특히 강대국인 A 나라 사람들이 자꾸 도발해왔다. 나라 백성들을 괴롭히고, 자원을 훔쳐 갔다. 나는 모든 걸 총동원해서 내 나라를 지킬 것이다. 내일 정상 회담을 하는 내 마음은 어떨까?

짝끼리 이야기하고 나서 보건샘과 다 같이 이야기를 했다. 서로의 감정은 어떻게 느꼈는지 적은 것을 살펴보고 말을 했다. 내 차례였다.

"저는 머리가 멍~하고 조금 힘들었어요. 그래서 선우에게 먼저 이야기해 달라고 말했어요. 선우는 흔쾌히 먼저 해주었고, 절 도와줘서 고마웠어요. 선우는 내 감정을 잘 이해하고 들어줘요. 이렇게 고마움을 느낀 것이 '존중'이라는 걸 알게 되었어요. 존중이란 걸 몸으로 알려준 선우에게 너무너무 고마워요."

"저는 수영이가 힘들어하는 게 느껴졌기 때문에 좀 더 이해해주고 싶었어요. 그런데도 수업에 계속 참여하려는 모습이 멋졌어요. 힘들지만 제 감정도 들어주고, 자기감정을 표현한 수영이를 칭찬하고 싶어요."

선우도 말했다. 선우는 내 마음의 보건샘이었다. 응급처치가 필요할 때, 늘 내 옆에 있어 주었다. 그리고 내가 할 수 있는 건 스스로 치유하게 도와주었다. 그리고 상처가 아물게 기다려주었다.

"자~. 이제부터는 '경계'에 대해 이야기해 볼게요. 북한과 한국, 중국과 일본 사이에는 경계가 있지요? 한 나라는 한 사람의 존재와 같다고 비유를 들어볼게요. 그래서 우리는 모두 하나의 주권을 가진 대통령이라고 볼 수 있어요. 이때, 나라의 크기가 큰지 작은지는 중요하지 않아요. 국가 대 국가는 각자 독립적인 존재감을 가지기 때문이에요. 사람은 하나의 우주니까 더 말할 나위가 없죠." 보건샘이 말했다.

"그럼 국경을 쳐들어온다는 건 무슨 의미예요?" 한 친구가 말했다.
"주권을 인정하지 않겠다는 거예요. 존중할 마음이 전혀 없는 거죠. 이때는 어떻게 해야 할까요?" 보건샘은 우리에게 되물었다.
"싸워야죠! 너무 억울할 것 같아요." 화이팅 넘치는 선우가 말했다.
"도발을 막지 못하면 목숨이 위태롭거나 인권이 유린당할 수 있어요. 비참해질 거예요." 친구 말이 맞았다. 내 주권을 무시하고 들어온 사람들을 막아야 했다.

"네~. 그래서 국경 수비대들이 있죠. 꼭 필요한 분들이에요. 국경처럼 사람과 사람 사이에도 경계가 있어요. 이것은 눈에 보일까요? 보이지 않을까요?"

"눈에 안 보여요." 우리가 말했다.

"맞아요. 눈에 보이지 않기 때문에 사람 사이의 경계는 지키기가 더 어려워요. 그래서 내가 내 경계를 잘 알고 있어야 해요. 어디까지가 '나'이고 어디까지가 '너'인지를 잘 알고 있어야, 나도 지키고 상대방 경계도 침범하지 않을 수 있어요."

공부하다 보니, 이렇게 경계가 침범당했을 때 내 몸에선 '감정'에 신호를 보냈다. 모욕감, 수치심, 분노, 억울함 같은 감정들. 특히 우리는 가까운 사람들과의 사이에서 경계를 자주 침범하거나 침범당했다. 몇몇 친구들을 보면, 인생에 중요한 결정을 보호자들이 하는 경우가 있었다. 보건 샘이 입을 열었다.

"인생의 최종 결정은 내가 하는 거예요. 예를 들어 보호자의 강요 때문에 고등학교나 대학교를 결정했다고 해도 결국엔 내가 책임져야만 해요. 그러기 때문에 최종 결정은 내가 해야 해요." 안타까운 마음을 담아 보건 샘은 말했다.

"그동안 저는 오빠랑 경계를 지키기 위한 싸움을 했던 거였어요."
선우가 웃으며 말했다.

"그런 싸움을 '경계 존중'이라고 할 수 있어요. (웃음) 경계 존중을 할 때는 2가지를 주의해야 해요. 첫째는 나의 안전이 가장 먼저라는 것, 두 번째는 적정선을 넘지 않는 것이에요."

"여기서도 나를 먼저 보호하는 게 중요하네요."

"맞아요. 나를 존중하는 게 기본이에요. 내가 지킬 수 있어야죠. 그리고 인간관계에는 적당한 선이 필요해요. 선을 넘으면 물이 넘치고, 넘친 물은 주워 담을 수 없죠."

태경 선배는 어떻게 해야 적정선을 지킬 수 있을지 물었고, 보건샘은 바로 답을 해주었다.

"이 3가지를 기억하면 적정선을 지킬 수 있어요."

> 상대방이 싫다고 하면 "아~. 싫어하는구나."라고 생각하고, 말과 행동을 멈춘다.
> 상대방이 아무 말도 안 하면 "아~. 생각할 시간이 필요하구나."라고 생각하고, 그대로 둔다.
> 상대방이 좋다고 하면 "오~. 이건 좋아하는구나!"라고 생각하고, 함께 한다.

아까 머리 아파서 책상에 엎드려 있을 때, 날 그냥 둔 이유가 있었구나. 선우가 나의 거절을 존중해주었다는 사실을 다시 한 번 느끼게 되었다. 이렇게 존중할 줄 아는 친구가 내 곁에 있어서 정말 감사했다.

쉬는 시간, 화장실에 갔다가 거울을 봤다.

이젠 자동으로 미소가 지어진다. 왼쪽 어깨가 예전보다 올라간 게 보였다. 나는 양쪽 어깨를 쫙 펴서 힘을 주었다. 양쪽 어깨가 거의 수평이 되었다.

'나무님이 날 지켜보고 있겠지?' 자연스럽게 미소가 지어졌다.

- 7 -

감수성을 회복하는 만병통치약

지금부터 약속을 지키고, 일부러 상처를 주거나 자책하지 말고, 찬찬히 길을 찾아가면 돼요

    벌써 저녁 식사 시간. '포토에세이 쓰기' 미션이 주어졌다. 저녁 시간을 잘 활용해서 '존중'이라는 단어를 표현할 사진을 찍고, 사진에 대한 내 생각을, SNS에 글 올리듯이 3문장 이상 적는 것이었다. '좋아요.'를 많이 받은 학생과 팀에게는 선물도 있어서 다들 눈이 초롱초롱했다. 나는 가로수 아래에 있는 3그루의 나무 사진을 찍었다. 그리고 이렇게 적었다.

> 나는 꿈나무다. 말 그대로 꿈이 많은 나무다. '멀리 가려면 함께 가야 한다.'라는 말이 생각난다. 나는 내가 이루고 싶은 꿈을 내가 사랑하는 사람들과 나누고

싶다. 나는 최선을 다해 성장하려고 노력했다. 하지만, 도저히 혼자서는 해결할 수 없는 일이 있었다. 그때, 내게 손을 내밀어 주는 사람들이 있었다. 그리고 나는 그 손을 잡았다. 우리는 함께 차가운 겨울바람을 견디고, 뿌리를 더욱 깊이 내려 그물처럼 단단히 흙을 움켜잡았다. 그리고 우리는 적당한 틈을 주며 서로의 홀로서기를 응원했다. 나는 홀로 설 수 있는 나무가 되었다. 한 그루, 두 그루, 세 그루의 나무가 모였고, 우리는 숲을 이루어간다. '내 꿈도 이루어진다.'

식사를 마치고 들어가니, 우리의 포토에세이를 선생님께서 미리 전시해두셨다. 내가 쓴 글을 보면서 오글오글 창피하기도 했고, 기분이 좋기도 했다. 친구들의 글도 찬찬히 보았다. 포토에세이를 보며 느껴지는 여러 가지 감정을 우리는 자연스럽게 나누었다. 스티커를 가지고 '좋아요' 표시도 하고, 포스트잇으로 댓글을 달아주기도 했다. 나에게도 응원의 댓글들이 많이 달렸다. 그걸 보면서 뿌듯함을 느꼈다. 선생님도 그랬는지 상기된 목소리로 말했다.

"다들 너무 굉장해서 베스트 포토에세이를 정하기가 힘들 것 같네요. 정해지는 동안, 우리는 사춘기 나무를 만들어 볼게요. 소중한 내 인생의 토대를 만들어가는 과정이 사춘기에요. 그래서 사춘기를 나무로 표현한답니다. 특히 '열매'와 '영양분'을 표현해 볼 거에요. 우리가 오늘 1교시에 배운 꿈과 버킷리스트는 열매와 영양분, 둘 중에 무엇일까요?"

"열매요!" 우리는 큰 목소리로 이야기했다.

"그럼 영양분은 꿈을 이루기 위해 내가 할 수 있는 것을 적으면 되나요?" 선우가 말했다.

"네, 맞아요. 지금 내가 있는 곳에서, 지금부터 할 수 있는 것들을 적으면 돼요. 예를 들어 '꿈을 이루기 위해 공부하기'라는 것보다 '상담사가 되기 위해서 매일 책 1페이지 읽기'처럼 구체적일수록 더 실천할 수 있겠죠. 이러한 실천이 모여서 나에게 정말 필요한 영양분이 돼요. 지금부터 나의 열매와 영양분을 생각해서 적어볼게요." 보건샘이 설명했다.

'축구, 랩, 부자, 여행, 상담, 미술.' 나는 생각나는 6가지 열매 키워드를 먼저 적었다. 그러고 나서 '축구 도 대표 선발되기, 욕 없이도 사랑받는 랩 작사가 되기, 매주 기부하는 부자 되기, 엄마랑 캐나다 여행하기, 고등학교 또래 상담가 되기, 드로잉 배우기.' 이렇게 키워드 아래 나만의 꿈을 조금 더 구체적으로 적어보았다. 그 후, 조금 더 빨리 무르익을 수 있도록 실천 가능한 순서대로 다시 옮겨 붙였다.

이젠 내 꿈 열매가 잘 자라도록 영양분을 구체적으로 적었다. 나중에도 추가해서 적을 수 있게 여유를 두고 적었다. 맨 먼저 할 수 있는 '고등학교 또래 상담가 되기' 아래에는 우리 고등학교엔 없는 상담 동아리 만들기, '축구 도 대표 선발되기' 아래엔 매주 연습 빠지지 않고 최선을 다하기, '드로잉 배우기' 아래엔 도서관 드로잉 프로그램 신청하기, '욕 없이도 사랑받는 랩 작사가 되기' 아래엔 블로그에 랩 작사해서 올리기, '엄마랑 캐나다 여행하기' 아래엔 매주 용돈 중에서 천 원씩 모으기, '기부하는 부자 되기' 아래엔 봉사부터 실천하기.

'지금부터 실천할 수 있는 것부터, 아주 작은 것부터' 생각하니 내가 할 수 있는 것들이 하나둘씩 생각났다. 샘은 격려하며 이어서 말했다.

"오늘 우리가 만든 포토에세이는 모여서 한 권의 소책자가 될 거에요. 꿈 메신저인 여러분은 자신의 꿈을 키우면서 주변에 존중하는 마음과 선한 영향력을 끼쳤으면 좋겠어요."

"샘, 저는 좋은 마음으로 도와주었는데, 고마운 줄 모르는 사람들이 있어요. 제가 해준 것만 생각하는 예민한 사람일까요? 이럴 땐 어떻게 해야 할지 궁금해요." 내가 질문했다.

"수영이가 실천하다 장애물을 만났었구나. 그때 마음이 어땠어요?"

나는 그때로 다시 돌아가 상상했다. 엄청 서운하고, 내 시간도 노력도 아까워서 괜히 오지랖 부렸나 싶었다. 이런 나에게 선생님은 이렇게 질문해보라고 얘기해주셨다.

'내가 이렇게 할 때 네 맘은 어때?'처럼 친구가 어떻게 느꼈는지 알면 오해가 풀리는 경우가 있다고 했다. 그리고 정말 고마워할 줄 모르는 친구라면 더는 인간관계를 맺지 않는 것도 방법이었다. 모두하고 잘 지낼 순 없었다. 그리고 중요한 한 가지를 더 알려주셨다.

"그렇게 감사할 줄도 모르는 '존중 감수성'이 낮은 사람에게는 감수성을 회복하는 훈련이 필요해요. 훈련 방법은 전에도 말한 '감사일기'예요. 무엇보다 우리는 꿈 메신저이니까 나에 대한 존중, 나에 대한 믿음이 있어야 해요. 그래야 상대방을 믿고 존중할 수 있어요."

"그게 가장 어려운 것 같아요. 나를 믿는 거요." 내 마음의 소리가 툭하고 튀어나왔다.

"샘은 믿음이란 게 이런 것이라 생각해요." 믿음에 대한 의미를 우리에게 보여주셨다.

믿음이란, 나와 약속을 한 내 친구가 비밀을 퍼트리지 않을 거라고 확신하는 것.

믿음이란, 축구를 하다가 공에 맞았을 때 친구가 일부러 차지 않았다고 알고 있는 것.

믿음이란, 혼을 내는 엄마가 내가 미워서 그런 것이 아니라는 걸 아는 것.

믿음이란, 아빠와 나들이 갔다가 길을 잃었을 때 나를 꼭 찾을 거라고 생각하는 것.

"믿음과 신뢰가 있다면 여러분은 나를 믿고, 존중하고 있는 거예요. 나 자신과의 약속을 지키고, 나도 모르게 나에게 상처를 줄 때 혼자 자책하지 않고, 인생에서 길을 잃었을 때 이제 진짜 나를 찾을 계기로 생각하면 좋겠어요. 설령, 아직 나를 온전히 믿지 못한다고 해도 괜찮아요. 지금부터 약속을 지키고, 일부러 상처를 주거나 자책하지 말고, 찬찬히 길을 찾아가면 돼요. 여기 있는 친구들과 응원해줄게요."

'아빠'라는 단어를 샘이 이야기해서 잠깐 놀랐지만, 예전만큼 머리가 아프지는 않았다. 아빠랑 놀러 갔던 기억도 떠올랐다. 머릿속에 아빠만 가득 찼을 때는 아빠가 내 몸과 마음의 주인공인 것 같았다. 하지만 이제는 내가 주인공이라는 것을 확실히 알게 되었다. 그리고 내가 원하는 해피엔딩으로 가기 위해서 움직이기로 마음먹었다. 남들이 내 인생에 주인공이 되도록 두고 싶지 않았다. 내 감정을 조금씩 조절하는 법을 알게 되어서 좋았다. 그렇게 나를 믿는 마음이 조금씩 싹을 틔웠다.

우리는 마지막 활동으로 '롤링 페이퍼'를 썼다. 선생님이 나에게 주신 메시지가 마음에 와닿았다. '수영아, 예민해도 괜찮아. 감수성이 높은 거야. 그러니까 친구를 도울 수 있어. 그리고 기억해. 감수성을 회복하는 가장 좋은 만병통치약은 친구를 존중하려는 너의 따뜻한 그 마음이야.'

우리는 캠프의 처음이자 마지막 밤을 장기자랑을 하며 신나게 불태웠다. 사춘기들의 스웨그 넘치는 끼를 마구 방출했다. 배울 때는 진지했지만, 즐겁게 놀 때는 가볍게. 멋 내는 것을 좋아하고, 약간 허세가 있는 듯한 우리들의 모습 그 자체로 좋았다. 나는 로꼬의 〈Respect〉를 불렀다.

나는 나일 때가 제일 빛나지 허세는 내게 아주 먼 세상 이야기

나도 너를 존중하기 때문에 겉만 보고 쉽게 판단 안 하지

......

부끄러울 것도 부러울 것도 없어 오로지 난 내 방식대로 해

Respect yourself Be proud of yourself

......

너의 방식대로 너를 보여줘

내 맘에 맞게 내 몸에 맞게 원하는 대로 살 거야 나답게

내 발에 맞게 내 폼에 맞게 원하는 대로 탈 거야 나답게

- 8 -

나란 존재만으로 사랑할 자격이 있다

**그래, 넌 우주의 모든 가능성을 다 가진 씨앗이야. 이미 싹을 틔웠고.
네가 널 믿는다면, 싹을 못 틔우게 방해할 수 있는 존재는
이 세상에 아무도 없어**

신나게 노래하고 춤추고 놀다 보니, 지치거나 자고 싶은 아이들은 이미 방에 들어가 있었고, 마쳐야 할 시간이 한참 지났는데도 끝내기 아쉬워하는 아이들도 많았다. 결국, 선생님들과 다 함께 노래를 부르며 훈훈하게 마무리를 했다. 오늘 하루 많이 배우고 생각하고 너무 신나게 놀아서 그런지 잠들기 어려웠던 집보다 잠을 잘 수 있을 것 같았다. 잠자리에 들면서 나무님을 만나고 싶었다. 우주에 메시지를 보내며 잠이 들었다.

나는 나무님에게 달려가 말했다.

"너무 오랜만에 보는 것 같죠?" 웃으며 나무님이 말했다.

"그렇지? 오랜만에 본다는 건 네가 더욱 성장한다는 의미니까."

"저 요즘 많이 힘들었는데, 왜 안 오셨어요? 많이 외롭고 서운했어요."

"너와 함께 성장할 사람들을 찾게 하려고 그랬지. 다 이유가 있지만, 서운했다면 미안해."

"제가 잘 찾은 거겠죠? 저와 함께 '공존'할 수 있는 사람들을요."

"나는 널 믿는데, 너는 아직도 못 믿는구나!" 나무님의 말에 나는 뜨끔했다.

"음…. 이제 조금씩 믿게 되었다고 하는 게 맞을 것 같아요."

나는 성장을 위해 싹을 틔운 나를 믿는다. 나에게 나무님이 말했다.

"그동안 너는 씨앗이었어. 네 안에는 편하게 씨앗으로 남아 있으려는 마음 하나와 껍질을 벗고 나무로 자라려는 마음 하나, 두 가지가 동시에 존재하지. 근데, 편하게 있으려면 나에게 맞는 좋은 환경이 올 때까지 기다려야 해. 바람, 물, 흙, 온도, 모든 게 맞을 때까지 기다리고 또 기다리다가 싹을 틔우지도 못하고 말라서 죽을 수도 있어."

나무님의 트레이드 마크, 진지한 눈빛으로 강한 메시지를 보내며 말했다.

"두렵지만 껍질을 벗어 던진 씨앗만이 진짜 나무가 되는 거야. 용기 있게 1mm라도 나오면 기다림은 열매가 되지. 자~. 이제 시작이네. 널 믿게 된 걸 축하해. 세상의 모든 나무가 처음에는 네 눈동자보다 더 작은 씨앗이었다는 걸 잊지 마."

"네. 기억할게요. 잊지 않을게요."

처음 만났던 날처럼 따뜻한 '무엇'인가가 내 마음에서 뭉클하고 움직이는 게 느껴졌다.

"지금처럼 잘 자라면 나보다 더 커지겠는데?" 나무님이 마음의 키를 재며 말했다.

"오~. 어떻게 알았죠? 저는 성장 속도가 어마어마합니다." 웃으며 내가 맞장구쳤다.

"그래. 네가 얼마나 성장하는지 계속 지켜볼게. 앞으로도 성장하면서 계속 너 자신과 싸우게 될 거야. 그렇게 힘들 때마다 어떻게 생각하라고 했는지 기억나지?"

"나무님이라면 어떻게 했을까. 나무님은 나에게 뭐라고 말해줬을까."
이젠 꽤 자연스러웠다.

"이제는 굳이 내가 아니라도 괜찮아. 네가 존경하는 사람도 좋고, 멘토처럼 따르고 싶은 사람도 좋아.

나는 그런 인생의 스승을 꼭 찾으라고 하고 싶어. 스승을 만들고 싶을 땐 기다리는 게 아니야. 네가 스승을 찾고 제자가 되는 행동을 시작해야 해."

"이제는 좀 더 쉽게 찾을 수 있을 것 같아요." 나는 힘 있는 목소리로 말했다.

"그래. 너는 '꿈'의 목적지가 확실하니 일단 안심이다. 너의 '꿈'의 목적지까지 네비게이션으로 찍고 간다고 생각해봐. 길 중간에 모르는 길로 빠질 수도 있고, 사고도 날 수도 있고, 실패할 수도 있어. 그래도 괜찮아. 인생에 틀린 길은 없어. 방향을 잘 잡고 가면 결국엔 도착하게 돼. 좀 돌아가면 어때?! 오히려 전에 못 보던 것들을 경험하고, 더 멋진 풍경을 발견하기도 해. 무엇보다 꿈은 바뀌어도 괜찮아. 나도 자주 바뀌고 다시 생기니까."

"나무님도 꿈이 있어요?"

이미 다 이뤘을 것 같은 나무님도, 아직도 꿈이 있다니 신기했다.

"당연하지! 성장을 힘들어하는 사람을 도우며 함께 공존하는 숲을 만들 거야."

"저도 같이할래요." 나는 진심이었다.

"언제든지, 너는 뭐든지 할 수 있으니까."

이젠 나무님의 눈을 편하게 볼 수 있었다.

"이제 좀 더 잘하고 싶은데요. 뭘 하려고 할 때마다 자꾸 머리 아픈 일이 생겨요."

"너무 잘하려고 하지 마. 너답게, 너다운 속도로 해. 아빠 때문에 그래? 앞으로도 널 계속 따라다니면서 힘들게 할 거야. 연애하거나, 스킨십 하거나, 성관계를 하거나, 결혼하거나, 아이가 생기거나…. 근데, 힘든데 힘들지 않은 척하는 게 더 이상하지 않아? 그럴 땐 그런 너를 네가 보듬어줘. 지금 아빠를 용서할 수 없는데, 용서하는 척하지 말라는 말이야. 그렇게 널 속이는 건 너를 함부로 한다는 거야. 존중하지 못하는 거지."

"용서하는 척하지 말라는 거죠. 그냥… '지금 내 마음이 이렇구나.'라고 받아주면 되는 거예요? 더 우울해질 것 같아요." 나는 의기소침해져서 말했다.

"그럼 어때? 감사 근육을 단련하고 있는 널 믿어봐. 여러 방법을 찾아봐도 좋겠다."

"아무에게도 말 못 하거나 힘들고 답답할 때 성장 노트에 적어볼게요."

"그럿~줘! 그렇게 너답게 실천하는 방법을 찾아가면 돼."

나답게 사는 법을 알게 된 건 나무님 덕분이었다. 그리고 나무님을 선물해 준 아빠에게 감사했다. 나도 사랑하는 사람이 생길까? 내 물음을 알아챈 나무님이 입을 열었다.

"당연하지. 넌 존재만으로도 충분히 사랑할 자격이 있다고 믿어야 해. 모든 사람은 씨앗처럼 용감해져야 해. 그래야 네 안에서 용기도 솟아."

"작은 씨앗도 할 수 있는 게 참 많네요. 용기를 내야 진짜 나무 같은 어른도 되고, 사랑도 하고, 사랑도 받고." 나는 웃으며 말했다.

"그래, 넌 우주의 모든 가능성을 다 가진 씨앗이야. 이미 싹을 틔웠고. 네가 널 믿는다면, 싹을 못 틔우게 방해할 수 있는 존재는 이 세상에 아무도 없어."

나를 답답하게 감싸던 껍질을 벗어 던졌다. 어두컴컴한 흙을 뚫고 나왔다. 나는 가장 나다운 나무로 자랄 것이다. 따뜻한 아침 햇살이 느껴졌다. 아직 바람은 조금 쌀쌀하지만, 햇볕은 너무 따뜻하다. 나는 밖으로 나갔다. 태경 선배가 보였다.

"어?! 선배, 일찍 일어났네요?"

"응. 난 햇볕이 좋아. 광합성을 좀 하려고 나왔지. 너도 일찍 일어나는 편이구나?"

"아니요. 잠이 많은데, 오늘은 햇살이 너무 좋아요. 봄을 느끼러 나왔죠. 진짜 봄이네요."

"너, 처음엔 겨울처럼 힘들어 보였는데 이젠 많이 밝아졌네. 힘들 때 얘기할 사람은 있어?"

"얘기할 사람은 선우밖에 없는데, 아직 선우한테도 말 못 한 것들도 있고 그래요. 그럴 땐 성장 노트에다 막 쏟아내면 맘이 정말 편해져요."

이젠 성장 노트 이야기도 자연스럽다.

"응? 너 성장 노트 써?" 선배는 놀라 날 보며 얘기했다.

"네. 선배, 성장 노트 알아요?"

"알지. 너 혼자 힘들 때마다 혼자 하는 말 있어? 성장 확언 말이야."

"있죠! 대박. 설마, 선배도?"

"여기서 꿈 친구를 만나다니 정말 반가운데? 우리는 '무엇'인가에 끌려서 움직이는 자연 같아. 아주 자연스럽게 만나고 헤어지지."

"그래서 지금, 여기서 만난 인연들을 소중하게 여기라는 것 맞죠?"

캠프의 마지막 활동 시간, 우리는 포토에세이를 가지고 서로의 꿈에 관해 이야기했다. 친구들은 내 에세이를 듣고 '꿈나무 숲'으로 성장할 나를 진심으로 응원해주었다. 그리고 내 에세이를 보며 응원을 받았다는 친구도 있었다. 아주 작은 나의 꿈이 누군가에게 응원이 될 수 있다는 생각을 친구들을 보면서 할 수 있었다. 나의 인생도 누군가에게 닮고 싶은 삶으로 남기를 바랐다.

다른 친구들의 에세이도 들었다. 특히 선우의 포토에세이를 보면서 격하게 공감하기도 하고, 눈물을 글썽거리기도 했다. 노브라 사건 전후로 사람으로 취급하지 않고, 함부로 말해도 될 물건처럼 이야기하는 사람들. '어린 계집애가, 발랑 까졌네.'라며 충고하듯이 이야기하는 꼰대들.

어른들과 똑같이 이야기하는 주변의 꼰대 친구들. 그런 사람들을 보며 선우는 '학생은 인권이란 게 필요 없을까? 여학생들은 사람이 아닌 막 해도 되는 인형일까?'라는 생각 때문에 힘들어했단다.

선우가 진짜 멋진 건, 어떻게 하면 사람들의 인식이 조금 더 바뀔 수 있을까를 계속 고민했다는 것이다. 그러면서 꿈이 생겼다. 사춘기들의 솔직한 성 고민이나 질문을 모아서 소책자가 아닌 진짜 책을 쓰고 싶다고 했다. 자위, 성기, 생리, 몽정, 피임 등등 우리는 알고 싶은 성에 대한 질문이 너무 많았기 때문이다.

선우의 꿈을 우리는 응원하고 싶었다. 그래서 함께 책 쓰기를 하기로 했다. 우리가 이번 캠프를 통해 배웠던 '꿈의 지도'와 '감사일기'가 책 쓰기를 통해 완성되어갔다. 책을 쓰면 우리의 꿈이 더 선명해지고, 간절해질 것 같았다. 부모님에게는 이만한 효도가 없었다. 10대에 벌써 작가라니. 설레었다.

"이번 꿈 프로젝트에서 매니저를 맡은 이태경입니다. 먼저 저는 우리답게 이 꿈을 표현할 '그 무엇'을 책 제목으로 정해보았으면 합니다."
"그 무엇이 제목은 아니죠?"
"그 무엇을 좀 세련되어 보이게 The Something도 괜찮을 것 같네요."
"그것도 좋구요! 우리나라 방언으로 '거시기들'은 어떨까요?"
"오~. 친근하기도 하고 도발적이라서 맘에 들어요.

생식기를 가리킬 때도 쓰는 말이라서 성과 관련된 우리 꿈 프로젝트에 딱이에요.”

사춘기들이 가장 궁금해하는 ‘거시기들’ 그렇게 우리는 질문을 모으고, 근거를 찾으며 성에 대해 알아갔다.

5 장

사춘기 아이들이
가장 궁금해하는
성에 대한 질문들

자위를 많이 하는 사람은 비정상인가요?

성욕에 끌려다니지 말고, 제대로 성을 즐기는 게 필요해. 내 몸의 주인은 나니까

"누나, 성 고민 들어준다고 소문났던데, 성 고민을 모아서 책 낸다며!? 친구들이 많이 궁금해하는 게 그거거든? 그거 알지, 거시기 말이야."

"그게 뭔데? 난 말해줘야 알아. 말도 안 해주는데 내가 어떻게 아냐~? 그리고 '거시기들'은 우리 책 만드는 팀 이름이야. ㅎㅎ"

"아~ㅎㅎ 근데, 있잖아, 그거…. '자기 위로'하는 거."

수현이가 쑥스러워하는 걸 보니, 자연스럽게 성에 관한 얘기를 하는 내가 많이 달라졌다는 걸 느꼈다.

'자기 위로'는 바로 '자위'를 말하는 것이었다. 특히 자위를 어떻게 하는지, 좋은 방법이 있는지, 너무 많이 하면 비정상인 건지, 얼마나 해야 적당한 건지 이런 것들을 궁금해했다.

"궁금증이 술술 나오는 거 보니까 너의 궁금증도 있구나? 너도 자위해봤겠네?"

"응? 그런 건 물어보는 거 아니야. 내 프라이버시라고!"

"맞네! 맞아~. 역시 내 동생! 프라이버시는 아무리 가족이거나 사랑하는 사이라도 이야기하거나 보여주지 않아도 돼. 나도 아직 잘 모르는 부분이 있으니까. 책을 보면서 설명해줄게. '인간과 성' 교육연구소에서 지은 『성교육 상식사전』에 보면 아주 쉽게 설명되어 있어."

나는 수현이에게 책을 보면서 우리에게 맞는 단어로 설명해주었다. 지금은 같이 대화하고, 모르는 건 책을 더 살펴보기로 했다. 성에 관한 대화를 할 때, 주의할 점을 수현이에게 말했다. '몰라', '귀찮아' 하기보다, 조금이라도 진지하게 표현할 수 있어야 한다는 것이었다.

"우선 자위가 뭘까? 친구들에게 알려주려면 한 문장으로 얘기할 수 있어야 해."

"자기를 위로하는 거지 뭐. ㅎㅎㅎ"

"오케이. 자위는 자기 스스로 생식기를 자극해서 성적 만족을 얻는 매우 자연스러운 행동이야. 남자와 여자는 모두 성적인 존재니까 성적인 욕구도 매우 자연스럽게 생겨. 아기부터 할머니 할아버지까지 모두 자위하거든. 그럼 자위할 때, 제일 중요한 건 뭘까?"

"프라이버시를 지키는 거야?"

나는 지난번 엘리베이터 사건이 생각났다. 자기만족을 위해 다른 사람에게 피해를 주는 사람들은 '건강한' 성교육을 받지 못했겠지?

"맞아. 자위 에티켓은 4가지야. 첫째, 혼자서 즐기는 거야. 아주 사적인 행동이니까 네 방이나 화장실에서 문을 잠그고 너만의 시간을 갖는 거지. 다른 사람이 있을 때 하면 에티켓이 빵점! 기본 에티켓을 모르는 애들에게는 꼭 말해줘. 그래도 안 지키고 자위를 떠벌리고 다닌다면 걔는 피하는 게 좋아. 특히 노출증 환자는 신고해야 주변 순찰이 강화가 돼.

둘째는 깨끗하게 하는 거야. 한쪽 손에만 6만 마리가 넘는 세균이 있어. 그 더러운 손으로 생식기를 만지면 감염되기 쉬우니까 자위하기 전에는 꼭 손을 깨끗이 씻어야 해. 30초 넘게 비누로 씻어야 하는 건 기본인 거 알지? 그리고 정액이 침대나 이불에 남아 있으면 세균이나 진드기의 아주 좋은 먹이가 되니까 자위한 다음에는 뒤처리를 깨끗하게 하는 센스! 뒤처리할 때 꿀팁, 들러붙는 휴지 대신에 물티슈나 수건을 쓰면 깔끔해서 정말 좋대.

셋째는 손을 이용하는 거야. 우선 도구보다는 손이 주는 미세한 감각을 이용하면 더욱 짜릿하고 성관계 때에도 만족도가 높아질 수 있어. 가끔 인터넷 광고에 자위 도구가 나오기도 하는데, 딱딱한 도구를 쓰면 생식기에 상처를 줄 수 있고 바닥에 성기를 문지르는 압박 자위도 피하는 게 좋아. 자위할 때 손이 아니라 샤워기를 사용하는 사람도 있어.

마지막 네 번째는 음란물 없이 하는 거야. 이건 정말 중요해. 이미 중독되면 음란물 없이 자위하는 걸 힘들다고 해. 하지만 음란물엔 사랑은 없고 성기 삽입만 강조해. 그 속도에 맞춰서 빨리 흥분하고 압박하면 내 감각이 무뎌지는 거지. 결국엔 사정 시간도 빨라져서 조루가 되고 성적 감각은 떨어져서 실제 성관계 만족도는 낮아질 수 있어."

"응. 그럼 그동안 음란물 보고 자위했으면 이젠 어떻게 하라는 거야?"
"상상하면 돼. 음란물 대신 '상상'하면서 자위했을 때 성적 만족이 더 높았다고 해. 상상하는 건 자유지만 실제로 다른 사람의 몸을 만지거나 훔쳐보는 건 범죄가 되는 거 알지?"

혼자서, 깨끗하게, 손으로, 음란물 없이! 우리는 압박 자위라는 말이 생소했다. 성교육 웹툰에서 봤던 것 같아 함께 찾아보기로 했다.

"찾았다! 〈시크릿가족〉에서 보면 남자가 발기된 상태에서 바닥에 비비고 압박을 주는 습관이 생기면 이후에도 성기가 구부려져서 통증이 생긴데. 그리고 더 중요한 건…."

압박 자위로 느끼는 쾌감은 정상 성관계로는 못 느끼는 잘못된 자극이
었다. 그래서 압박 자위에 중독되면 손으로 하는 자극을 즐기질 못했다.
무엇보다 성기가 휘어지면 나중에 부부 성관계할 때 여성에게 통증을 주
는 문제가 생긴다고 했다. 잘못된 자위 습관으로 사랑하는 사람을 아프
게 할 수 있다는 걸 기억하면, 자위 습관은 굉장히 중요했다. 나는 이어
서 말했다.

"성욕에 끌려다니지 말고, 제대로 성을 즐기는 게 필요해. 내 몸의 주
인은 나니까. 자위는 건강하게 하면 즐길 수 있어. 그리고 조절할 줄 알
아야 해. 그래야 내가 주체적으로 성을 즐길 수 있어."

우리는 더 궁금한 내용을 찾아보기로 했다. 나는 아우성 『빨간책』 여성
청소년 편을, 수현이는 남성 청소년 편을 찾아보았다.

"대박…. 지금까지 우리가 말했던 거랑 궁금한 거랑 다 있어. 누나, 여
자도 자위해?"
"응. 사람이니까. 성적 자극을 원하지. 남자보다는 적지만 늘어나고 있
데. 그러니까 자위 에티켓 4가지 방법은 모두 공통이야. 다만, 여자들은
질에 넣는 것보다는 가볍게 음핵(클리토리스)을 문지르는 정도가 좋다네."

"자위를 얼마나 해야 적당한 거야? 너무 많이 하면 안 된다고 들었어."
수현이가 말했다.

"스스로 조절할 수 있다면 참지 말고 일주일에 1~2번 정도 하고, 그리고 일상생활에 무리가 없고 아침에 일어났는데 피곤하지 않으면 횟수는 중요하지 않다는 내용도 있어."

"이 책에 보니까 남자는 사정 시간이 보통 15~20분을 유지할 수 있게 연습하래. 여성이 성관계할 만큼 흥분하는 데 20분 정도가 걸려서 그런가 봐. 나 이런 건 처음 알았어."

"신세계다. 우리 몸이 이렇게 신기한 줄 몰랐어. 그리고 발기되면 꼭 사정을 해야 하는 게 아니래. 그저 음경이 원래 상태로 되돌아갈 뿐인 거지."

이런 이야기를 하는 게 좀 창피한 건 있어도 재밌었다. 그것도 남동생과 하게 될 줄이야. 책을 덮어서 내 이야기를 듣던 수현이가 물었다.

"자위를 많이 하면 부작용이 있다고 하던데 그게 사실일까? 이것도 찾아보자."

"좋아! 손경이 『아들 성교육하는 법』 보면 될 것 같아. 네가 요약을 잘하니까 알려줘 봐."

"일단 자위를 많이 하면 키 크는 데 이상이 있는 건 아니야. 하지만 자위를 너무 많이 하느라 잘 안 먹고 잠도 자지 않으면 키 크는 데 악영향이 있대."

나보다 키 작은 수현이를 놀리고 싶었지만 참았다. 그때 수현이가 말했다.

"자위 많이 하면 성기가 커지는 건 아니래. 성기 크기는 성생활에 전혀 문제가 되지 않는 건데, 왜 그렇게 성기 크기를 강조하는 걸까? 음란물에도 그렇고, 얘기할 때도 그렇고."

나와 수현이는 책을 보면서 이야기하다가 자연스럽게 성기 이야기를 하게 되었다. 하지만 여자와 남자의 차이가 있어서 그런가? 투명한 유리벽이 있는 기분이었다. 그래서 우리는 미리 톡으로 연락하고 선우와 태경 선배와 이야기하러 갔다.

발기 퀴즈로 알아봅시다

1. 발기는 남성에게만 나타나는 현상이다!?

(X) 발기는 성적 자극이 왔을 때 생식기에 혈액이 몰려서 발생한다. 여성은 음핵, 남성은 음경이 발기되는 기관이다. 따라서 남성과 여성 모두 발기가 된다.

2. 성에 대해 궁금증이 생겨 알고 싶을 땐 상담을 요청할 수 있다.

(O) 사회적 시선 때문에 성을 부정적으로 보는 경향이 있다. 그래서 터놓고 궁금증을 해소할 수 없을 땐 '아동 청소년 성 상담'을 요청해보자.

(10대를 위한 채팅상담이 가능하다.)

탁틴내일
: http://www.tacteen.net/sub040201t

푸른아우성
: http://pjj.aoosung.com/pjj/

3. 엎드려 자다가 일어나려는 남자 사람 친구가 당황해하며 일어나지 않는다면?

(주관식) 발기는 의지대로 되는 게 아니라서 성적으로 흥분되지 않고도 일어날 수 있다. 자면서 산소가 부족해지거나, 외부에서 자극이 왔을 때 갑자기 생기

는 것이다. 이때는 놀리기보다 친구에게 시간을 주는 여유가 필요하다.

4. 발기되고 사정을 안 하면 병이 생긴다.

(X) 발기 후 사정하지 않아도 몸에는 전혀 문제 되지 않는다. 음경이 원래 상태로 되돌아갔다고 생각하면 된다. 오히려 발기 후 사정이 안 되면 병이 난다며 스킨십을 강요하는 파트너라면, 명백한 성폭력이라는 점을 알아두자.

- 2 -

성기가 이상해요

서로 배우면서 존중하는 것도 알게 되면, 여성의 성도 좀 더 존중받는 인식을 우리가 만들 수 있을 것 같아요

우리 남매는 선우와 태경 선배를 만났다. 성 고민 상담이 많이 들어온다고 했다. 독서광 수현이도 책 만드는 데 돕겠다고 하자, 둘은 흔쾌히 허락했다.

"음란물 영향도 있어서 그런가? 성기에 대한 고민이 많이 들어오네."

"여자랑 남자가 다른 부분이 있잖아. 같이 배우되, 서로 보충해주었으면 좋겠어." 내가 말했다.

"정리해보면 대부분 성기 크기나 모양, 색깔, 관리 방법이 고민이야."

"우선, 생식기에 대해서 알아볼까? 어린아이만 보더라도 남자애들은 고추를 내놓고 다니면 귀여워하거나 장난치는데, 여자애들한테는 '아이~창피해.' 하는 경우가 있잖아. 남자의 성은 드러내도 괜찮고, 여자의 성은 감추려는 것 같아서 좀 거시기해. (웃음) 이런 걸 보면 아직도 인식이 안 바뀐 것 같아." 선우가 말하자마자 수현이가 맞장구를 쳤다.

"그럼 남자 성기를 먼저 다루고 여자 성기를 다루면 좋겠어요. 더 편하게 드러낼 수 있으니까요. 그리고 서로 배우면서 존중하는 걸 알게 되면, 여성의 성을 먼저 존중하는 인식을 우리가 만들 수 있을 것 같아요."
"오~. 역시 한수현!" 내 동생이지만 참 기특하다.

나는 궁금증이 생겼다. 우리 얼굴이 다 다르듯이 성기도 크기나 모양, 색깔까지도 다양한데, 성기 크기가 강조되는 이유는 뭘까? 내 물음에 선우가 답했다.

"음란물 때문이지 뭐. 거기선 성기와 삽입하는 행위밖에 안 보여주니까."
"완전, 격하게 동감! 건강한 성을 못 배우고, 음란물로 잘못된 성을 배워서 그래. 특히 남자 자존심은 성기 크기인 것처럼 만들어 놓고, 성기가 크지 않은 사람은 움츠리게 했어. 음란물 때문에 여자를 볼 때도 성기나 가슴만 강조하게 변했다는 생각이 들어. 그래서 나보다 큰, 다른 사람과 비교하면서 고민하는 것 같아." 태경 선배가 말했다.

여자라서 다리를 벌리고 앉으면, 얌전하지 않다며 혼나고, 짧은 옷이나 비치는 옷을 입으면 시선 강간당하니 조심하라며 혼났다. 그것 역시 음란물의 영향이라는 생각이 들어 슬펐다.

나는 『돌직구 성교육』이라는 책을 좀 더 찾아봤다. 우선, 음경의 크기는 키나 체격과 아무런 관련이 없었다. 사람마다 달랐고, 인종마다 달랐다. 신기했던 건, 음경 크기가 상황이나 보는 각도에 따라서 조금씩 다르다는 것이었다. 내 이야기를 듣고 태경 선배가 말했다.

"각도 말이 나와서 말인데, 내 것은 위에서 아래로 보니까 작아 보이고, 남의 것은 옆에서 보니까 커 보이는 거지."

"음경이 크다고 해서 성욕이 강한 것도 아니라고 해요. 평소의 음경 크기와 발기했을 때 크기도 가지각색이구요." 수현이도 책을 보며 말했다. 선우가 말을 이었다.

"오히려 너무 큰 성기 때문에 상대방은 질에 아픔을 느끼거나 상처를 입기도 해."

"흑형들 성기를 더욱 크게 보이게 하고 성욕이 강한 것처럼 보이게 하는 것도 음란물에서 만들어낸 판타지 같은 거구나." 수현이가 말했다. 피드백하면서 태경 선배는 주의를 줬다.

"인종에 따라 평균 크기 차이가 조금씩 다르긴 해. 아시아인보다 아프리카인이 좀 더 크지. 흑형이란 말도 듣는 사람에 따라서 느끼는 게 다를 테니 조심해서 쓰면 좋아."

"네~. 조심해서 쓸게요. 사람들이 성기 크기나 모양에 집착하는 이유가 성욕이 더 강해보이고 싶고, 성관계를 잘하고 싶은 것과 연관이 많이 되는 것 같아요." 수현이가 대답했다.

선우가 하고 싶은 말이 있었는지 진지한 목소리로 말했다.
"근데 여성들이 실제 성관계를 할 때, 성기보다 더 중요하게 생각하는 게 뭔 줄 알아?"
내가 또래 상담을 해봐서 아는데, 성기 크기나 모양은 아닌 게 확실했다.

"여자들은 사랑하는 관계 속에서 쾌감을 더 느낀다는 내용이 있어. 서로 신뢰하고, 서로 이해하고, 공감을 주고받는 관계가 중요하다는 거지. 그리고 두 사람의 사랑에 온전히 집중할 수 있는 분위기도 중요하게 생각해." 선우 답변에 맞장구치는 수현이가 말했다.

"맞아요. 어느 관계에서든 공감하고 존중하는 건 중요한 것 같아요."
"즐거운 성관계가 하고 싶다면, 성기 크기를 고민하기보다 어떻게 하면 파트너와 잘 소통할지 고민하는 게 더 좋지."

예전 같았으면 이런 이야기는 몰래 하거나 소곤소곤 말했을 우리였다. 하지만 걱정 많은 사춘기를 보내고 있는 친구들을 위한 책을 만든다고 생각하니, 성적 대화도 훨씬 더 자연스럽고 재미있었다.

이런 남을 돕는 마음을 갖게 된 내가 신기하기도, 뿌듯하기도 했다.

"형! 짝짝이인 고환 때문에 고민하는 애들에게는 뭐라고 얘기해주면 좋을까요?" 수현이가 태경 선배에게 물었다.

"사람이라면 고환 모양이나 크기는 짝짝이가 정상이야. 이건 여자들도 비슷할걸?"

맞았다. 여자도 음순이 양쪽 모양이나 크기가 달랐다. 이것도 다 이유가 있다는 게 신기했다. 수현이는 금방 찾은 책 내용을 읽어주었다.

"고환이 짝짝이인 이유! 똑같은 모양, 무게, 위치에 있으면 부딪히기가 쉽고 마찰이 생겨서 온도가 올라가는 걸 막아준다. 아! 고환은 온도에 예민하니까 몸이 균형을 맞추는구나."

"지금처럼 나와 다른 성에 대해 조금씩 알아가면 돼. 지금 우리 몸은 발달하는 중이야. 완전히 똑같은 예는 없지. 단, 성기가 커지면서 비정상적으로 변하는지 특히 붓거나 아픈지 잘 관찰하고, 증상이 있으면 병원을 가는 게 좋아."

태경 선배가 대답했다. 나와 선우는 여성 생식기 사진과 그림을 비교해보았다. 그림은 예쁘게 좌우 대칭이 많았는데, 사진은 비대칭이었다. 특히 음순의 색은 인종에 따라 연한 분홍색에서 흑갈색까지 다양했다. 나이가 들면서 멜라닌 색소에 의해 음순의 색이 더 진해진다는 사실도 알았다.

"성기 색깔이 너무 진한 것 같다는 친구들 고민도 있네."
"피부색이 진한 사람들은 음낭 색도 더 진해지기도 해. 백인은 불그스름해진대."
"여자 성기도 그림과 사진을 비교해보니, 다른 걸 발견했어. 색도 더 진한 게 느껴지고, 확실히 짝짝이야."

성기에 대한 궁금증을 해소한 우리는 청결한 생식기 관리 방법을 찾아보았다. 적극적인 수현이가 벌써 찾아 두었다며 말을 꺼냈다.

"남자 생식기 관리에 대해 먼저 알려드릴게요! 우선 남성의 음경 사이에 하얀 분비물이 낄 수가 있는데, 독특한 향이 있어서 오랫동안 씻지 않으면 냄새가 나거나 염증이 생길 수 있어요. 그래서 하루에 한 번 미지근한 물로 닦아 주면 좋아요."
"부연 설명을 하자면, 음경을 비누로 씻지 않는 이유는, 귀두의 피부가 자극받는 걸 막기 위해서야. 음경을 제외한 곳은 비누로 씻어도 좋아. 다만 청결하게 말려주는 센스가 필요해!"

여성 생식기 관리법은 나도 크게 신경을 안 썼었다. 이번에 배운 내용을 함께 말했다.

"여성은 감염을 막는 천연 분비물을 질에서 만들어내서, 씻을 필요가 없어. 비누나 세척액을 쓰면 정상균이 죽게 되니까. 만약 냄새가 나거나 찝찝하다면, 샤워할 때 물로 씻는 정도가 좋아. 눈을 평소에 세척할 필요가 없는 것처럼, 질도 따로 씻을 필요가 없는 거지. 그리고 휴지는 앞쪽(요도 쪽)에서 뒤쪽(항문 쪽)으로 닦아야 요도나 질염을 예방할 수 있어."

"여자와 남자 공통으로 관리하는 법은 민감한 곳은 비누를 피하고, 씻고 난 뒤엔 잘 말리고, 깨끗한 면 속옷을 입고, 꼭 끼는 옷은 피해야 하는구나!" 선우가 정리를 해주었다.

"응~. 면 소재는 우리 몸을 숨 쉬게 하는 걸 도와주고, 꽉 끼는 옷은 혈액 순환을 방해해서 편하게 입는 게 좋아." 선배는 보충 설명을 해주었다.

나는 공부를 하면서 집에 가면 내 성기를 살펴봐야겠다고 생각했다. 그러면서도 뭔가 어색하고 낯설었다. 여태껏 한 번도 보려고 하거나 궁금하지 않기 때문이다. 내 방에 들어가서 문을 잠갔다. 거울 앞에 서서 의자 한쪽에 발을 올리고 자세를 잡았다. 확실히 성기 그림과는 달랐다. 내 몸이 이렇게 생겼구나. 아직 어색하기도 하고 신기하기도 했다. '나의 성기를 관찰하는 것은 자기 몸의 주인은 나라는 걸 깨닫는 시작점'이라는 선생님 말씀이 떠올랐다. 조금 다르지만 있는 그대로 내 몸을 긍정하고 소중히 여기는 시작이 되었다.

오늘의 감사일기

내 몸을 긍정적이고 소중히 생각하게 되어서 감사합니다.

내 몸에 대해 관찰하게 되어 감사합니다.

함께 성에 관한 대화를 나눌 수 있어서 신기하고 감사합니다.

함께 공부를 재미있게 할 수 있어서 감사합니다.

책을 쓰고 있는 내가 자랑스럽고 고맙습니다.

외국은 생식기를 어떻게 배울까?

외국에서의 생식기 교육(현실 그림을 비교해보자.)

– 한국의 생식기 그림은 반듯하고 대칭적이다.

– 스웨덴을 비롯한 유럽의 여러 나라에서는 그림일지라도 실제적으로 표현하여 가르친다. 생식기 모양이 자연스러운 비대칭이다.

- 3 -

몽정은 뭐예요?

성에 대해 제대로 알고 내 몸의 주인이 되면, 더 당당할 수 있어

"형~. 제 친구가…. 궁금해하는 게 있는데요. 사정이… 궁금하대요."
수현이가 물었다.

"아~. 네가 궁금한 건 아니고?" 태경 선배가 웃음을 섞어 말했다.

"아니에요~! 그냥 친구가 궁금해했어요." 손사래를 치며 말하는 수현
이 자식.

"그럼 오늘 만나서 이야기할 때, 사정이랑 몽정, 유정에 대해 좀 알아
봐서 올래?"

"네, 형! 책이랑 인터넷에서 찾아보면 될까요?"

수현이도 매우 적극적으로 자료를 찾았다.

"책은 간단하지만, 핵심이 잘 나와 있어.

인터넷은 검색하면 현실 고민이 나오지만, 출처가 불명확하거나 장난스러운 내용도 있어서 비판적으로 봐야 해. 비교하면서 같이 공부하자."

선배가 말했다.

우리는 자주 만나면서 대화를 했다. 책 내용을 함께 배우면서 자연스럽게 우리들의 고민도 조금씩 해소되어 좋았다. 하지만 또 다른 고민도 생겼다. 내가 물었다.

"우리 이런 것까지 다뤄야 할까? 어떻게 해야 쉽게 알려줄 수 있는지가 고민이야."

"오히려 우리가 다룬 것도 많이 부족할 것 같은데?" 태경 선배가 대답했다.

"다 할 수 없으니까, 고민 중에서 가장 궁금한 걸 위주로 쓰자."

선우 말에 모두 동의했다.

"성 고민을 다루면서, 예전에 몰랐던 호기심이 생긴 것도 사실이에요. 그런데 이렇게 얘기 나누고 진지하게 공부하니까 내 몸에 자신감이 생겼어요! 내 몸이 어른이 되는 과정에서 일어나는 건강한 변화를 알 수 있어서 기뻐요." 수현이가 말을 꺼냈다.

"우아~. 수현이가 자신감이 생겼구나! 아주 좋은 성장이야. 흔히 어른들이 말하잖아. 괜히 순진한 애들 성교육해서 호기심만 부추긴다고. 근데, 나는 아니라고 생각해. 성에 대해 제대로 알고 내 몸의 주인이 되면, 더 당당할 수 있어. 오히려 어설프게 아는 사람이 위험하지."

선우가 뿌듯한 미소를 지으며 수현이에게 '엄지척'했다. 본격적으로, 조사해 온 '사정, 몽정, 유정'에 대한 내용을 함께 이야기하는 시간.

"우선 몽정과 유정은 사정의 한 종류예요. 처음 경험하는 나이는 보통 10~15세 사이가 많구요. 성숙해진 고환에서는 정자가 만들어지고, 성적인 자극을 받으면 발기가 일어나요. 이때 정자와 정액이 섞여 음경 끝으로 나오는 것이 사정이에요." 똘똘이 수현이가 말했다.

"내 동생이지만 적극적으로 공부하고, 이야기를 이끄는 게 너무 기특한데? 나는 정액에 대해 알아봤어. 정액은 옅은 우윳빛이고 특유의 냄새가 나고 끈적끈적해." 나는 수현이를 칭찬해주고 싶었다. 그리고 영화의 한 장면이 떠올라서 물었다.

"사정 뒤처리한 휴지를 산처럼 만들어 놓은 아들을 나무라는 엄마를 영화에서 봤는데, 정액을 더럽게 생각하는 것 같았어. 왜 그런 걸까?"
내 물음에 다들 멈칫했다.

"실제 정액은 몸 안에 만들어지는 거니까 아주 깨끗해. 소변도 우리 몸에서 나올 때는 깨끗한 것처럼. (웃음) 단, 밖으로 나올 때 공기와 만나서 정자가 죽고 세균이 늘어난다고 해. 그래서 정액이 묻은 손이나 속옷 등은 얼른 씻어내는 게 좋아." 선우가 말했다.

"사정할 때에도 에티켓이 필요한 거네요. 프라이버시를 자기가 지키고, 뒤처리를 잘하는 센스~!"

수현이가 깔끔하게 정리해서 말해주었다. 유정이라는 말은 처음 들은 나는 몽정이랑 유정이 무슨 차이가 있는지 물었다.

"몽정은 정액이 찼을 때 성에 대한 꿈을 꾸면, 정액이 흘러나온다고 해서 붙여진 이름이야. 유정은 성관계나 자위를 하지 않았는데도 자신도 모르게 사정하는 거라고 해. 운동할 때나 자전거를 탈 때처럼 몸에 힘만 주었는데도 사정하게 되는 경우가 있는데, 그게 유정이야." 자신감 붙은 수현이가 설명해주었다.

"좀 더 보충하면, 밤에 소변이 가득 차면 방광의 압력이 높아지겠지? 이때 음경 아래쪽 신경이 자극받아 발기돼서 밤에 정액이 흐른 걸 '야간유정'이라고 말해. 하지만 이 말도 정확하지 않아. 언제든지 잠잘 때 일어날 수 있기 때문이야. 그러니까 '몽정'도 정확한 명칭은 아니라고 할 수 있어. 야한 꿈을 꾸지 않아도 사정을 하거든." 선배가 설명했다.

사정은 의지와 상관없이 될 수 있다는 것을 처음 알았다. 선배는 손가락을 튕기며 말했다.

"아! 얘기가 나와서 하는 말인데. 여자들도 꼭 알아두었으면 하는 게 있어. 남자는 갑자기 성에 관한 생각을 안 했는데도 발기가 될 수 있어. 특히 쉬는 시간에 잠깐 잤다가 일어날 때처럼 산소가 부족할 때 자주 생겨. 같은 반 친구가 갑자기 일어서는 걸 힘들어하거나, 자다 일어났을 때 당황해하면 이때 오해하지 말고 이해해주는 센스!"
"여자들 생리를 조절할 수 없는 것처럼, 남자들도 의지대로 조절이 안 되는구나. 몰랐으면 오해할 뻔했어요. 사정이나 자위는 누구나 하는 것이고, 부끄러운 것도 더러운 것도 아니라는 걸 이번 공부를 하면서 느끼게 됐어요. 이래서 알면 당당하다고 하는 건가 봐요."

나는 솔직한 심정을 말했다. 우리는 서로에 대해 알아야 건강하게 같이 지낼 수 있다는 생각을 했다. 우리는 자연스럽게 '존중 파티' 이야기로 넘어갔다. 처음 몽정이나 생리를 시작했을 때 하고, 어른이 될 성숙한 몸이 되었으니 더욱 존중해주자는 의미를 담은 축하 파티였다.

"너네는 존중 파티해봤어?" 내가 물었다.
"나는 이미 생리 지나고 난 다음에야 월경파티를 알게 돼서 못했지 뭐. 오빠는 어땠어?"
"나는 성숙하게 변하는 증거가 몽정인 걸 알았으니까, 셀프로 했지."

"사실, 전 이제 존중 파티를 해야 해요." 수현이가 말하자마자 태경 선배가 말했다.

"역시~. 아까 네가 궁금한 거였구나! 짜샤~. 이렇게 축하할 일을 고민했었어?"

"이러니까 제대로 알아야 당당할 수 있는 거죠." 수현이가 웃으며 말했다.

"그럼 우리 넷 다 같이 하면 되겠다!!!"

우리는 아이스크림 케이크에 촛불 4개를 꽂고 우리만의 존중 파티를 시작했다.

"사춘기라고 해서 모두 몽정을 하는 건 아니죠?" 수현이는 아직도 궁금한 게 많았다.

"응, 꼭 사춘기에 하는 건 아니야. 사춘기 이후에도 몽정을 경험하는 사람이 있어. 이때 놀라거나 당황하지 않는 게 필요하니까. 너처럼 준비하면 더 좋지. 형은 아빠가 미리 알려주셔서 좋았는데, 친구들 보면 엄마가 알려주는 일도 있었어. 사실, 부모님과 대화를 나누지 못하는 애들이 더 많아. 나는 어른이 되면 사춘기를 맞이할 아이들에게 미리 말해 줄 수 있는 어른이 되고 싶어." 긍정적인 선배의 말에 수현이가 맞장구를 쳤다.

"저는 프라이버시를 지키고, 속옷은 네가 빨고 뒤처리도 잘하라고 말해줘야겠어요."

"맞아. 자기 몸이 소중한 것처럼 자신의 물건을 잘 관리하는 능력도 진짜 어른이 되는 데 필요한 거니까."

사회 시간에 '집단지성의 힘'을 배웠었는데, 뭔가 우리가 배운 지식 하나하나가 모여 더 멋진 힘이 되는 것 같아 뿌듯했다. 나도 자신감이 생겼다. 내일은 여성의 몸에 대해 알아보자고 해야겠다. 우선, '생리'부터 함께 알아보자!

우리가 모르는 진짜 성 이야기

쿠퍼액이 뭐예요?

가끔 상담을 들어보면 쿠퍼액을 궁금해하는 경우가 있다. 쿠퍼액은 정액이 본격적으로 나오기 전, 나오는 아주 작은 양의 액체다. 남자는 소변과 정액이 모두 요도를 통해서 밖으로 나오는 구조로 되어 있다. 따라서 쿠퍼액이 필요하다. 쿠퍼액은 소변이 묻어 있던 요도를 중화시켜주기도 하고, 정액이 나올 길을 청소해주는 역할을 하기 때문이다. 자위할 때 정액이 나오기 전에 몇 방울씩 나오는 투명한 액체도 쿠퍼액이다. 그리고 자연적으로 발기돼서 나오는 소량의 액체도 쿠퍼액이다. 쿠퍼액에도 소량의 정자들이 들어 있다. 따라서 성관계할 때 쿠퍼액으로도 임신이 가능하다는 점을 꼭 알아두자. 뒤에서 다시 배우겠지만 발기가 되자마자 콘돔을 착용하라는 이유가 쿠퍼액 때문이다.

정리하자면, 모두 사정과 관계가 있다. 몽정은 자다가 정액이 흘러나오는 것이고, 유정은 깨어 있을 때 정액이 나오는 것이다. 그리고 쿠퍼액은 정액이 나오기 전에 미리 나오는 몇 방울의 액체라고 할 수 있다.

콘돔 퀴즈로 알아봅시다

1. 청소년은 법적으로 콘돔을 살 수는 없다?

(X) 교복을 입고 가면 안 팔아주는 점주들이 있긴 하지만 법적으로 문제가 되는 건 전혀 아니다. 술이나 담배와 다르게 콘돔은 법적 문제가 없다. 단, 콘돔 자판기의 저렴한 콘돔들은 유통기한을 점검하기 어려워서 추천하지 않는다!

2. 안전한 성관계를 위한 콘돔 사용 3지침은 '잘 사고, 잘 끼우고, 잘 버리는 것'이다?

(O)

– 잘 사기 : 유통기한을 확인한다. 콘돔을 여러 개 구비해 두는 게 좋다. 단, 많이 사서 보관하지 않는다. 콘돔 케이스에 넣어 서늘하게 보관한다. 체온으로도 쉽게 변형되므로 색이 바랬거나, 끈적거리는 콘돔은 피한다.

– 잘 끼우기 : 콘돔이 찢어지지 않도록, 치아나 손톱을 사용해서 뜯지 않는다. 콘돔을 끼우다가 실패한 경우엔 표면에 정액이 묻어 있을 수 있으므로 새것을 뜯어 사용한다. 음경이 발기한 후 상대의 몸에 갖다 대기 전에 콘돔을 끼운다. 콘돔을 음경에 끼울 때 쉽게 풀리지 않는다면 뒤집혀 있기 때문일 것이다. 그럴 때는 새것을 사용하여 다시 시도한다. 콘돔 끝 정액을 모으는 공간을 1.5cm 정도 살짝 비틀어 씌운다.

(글로는 설명하는 데 한계가 있으니, 콘돔 착용법이 궁금하다면 유튜브 〈성교육TV〉 '콘돔 사용법'이나 〈하하의 ○○○〉에서 구성애 선생님과 다룬 '콘돔, 실패없이 끼우는 방법'을 찾아봐도 도움이 된다.)

– 잘 버리기 : 사정 후에 음경이 원래 상태로 돌아가기 전에 뺀다. 콘돔이 새지 않도록 잘 잡고 빼야 한다. 사용한 콘돔은 끝을 묶어 쓰레기통에 버린다.

- 4 -

생리는 뭐예요?

이렇게 성에 대해 터놓고 이야기할 수 있는 지금이 나는 참 좋다

"선우야, 난 초경 시작한 지 얼마 안 됐잖아. 근데 피가 빨간색이 아니라 갈색이야. 나는 다이어트도 안 하고, 몸무게도 정상인데. 왜 갑자기 이러는 걸까? 병원 가야 하나?"

"나는 갈색으로 나오기도 해서 너도 괜찮을 것 같은데, 사실 왜 그러는지는 나도 정확하게는 잘 모르겠네? 오늘 다 같이 공부할 때 생리에 대해 알아볼까?"

우리 네 명은 공부한 내용을 가지고 이야기를 시작했다. 선우가 먼저 말을 꺼냈다.

"우선 갈색 생리혈은 정상 색이라는 걸 알아냈어! 생리혈이 느리게 나오면 산소와 만나는 시간이 길어지니까 갈색으로 변하는 거지. 피딱지가 점점 갈색으로 변하는 거랑 비슷해. 갈색 혈이 나오는 날은 보통 생리 첫날이나 끝나는 날인데, 속도가 다른 날보다 느리기 때문이래. 하지만 생리 기간 내내 갈색 혈이 나오거나, 생리 양이 줄면서 갈색 혈이 계속된다면 가벼운 마음으로 병원에 방문하는 것도 좋다고 해."

"궁금한 걸 시원하게 알려주는 사이다 같아! 어디 보자~. 두 분은 생리에 대해 새로 알게 된 내용이 있었나요?" 수현이와 태경 선배를 보며 나는 말을 걸었다.

"안네의 일기에 '생리'에 관한 내용이 있던데 읽어줄게. 잘 들어봐."

태경 선배가 진지한 얼굴을 하고 날 보며 말했다.

내 몸에 일어나고 있는 일들은 근사한 일이라고 생각한다. 단지 표면적인 몸의 변화만이 아니라 내면에서 일어나고 있는 모든 일이. (중략) 월경이 있을 때마다 (이렇게 말했지만, 지금까지 겨우 세 번 했다) 귀찮고 불쾌하고 찝찝한 느낌이 들지만 그럼에도 감미로운 비밀을 간직한 기분이 든다. 어떤 의미에서는 성가신 일밖에 없지만, 그때마다 그 은밀한 비밀을 다시 맛볼 수 있기를 고대하는 것도 아마 비밀을 간직한 기분 때문일 것이다.

– 1944년 1월 6일 목요일 〈안네의 일기〉에서

글을 읽고 태경 선배가 선우를 보며 말했다.

"안네는 월경을 감미로운 비밀이라고 말하는 게 인상 깊었어. 내가 아는 사람은 엄청 짜증 냈거든. (웃음) 경험해보지 못한 거라서 그런가? 비밀이라고 말하니까 궁금하네."

"그럼 경험해보면 되죠!" 나와 선우는 눈을 마주쳤다.

"으응? 경험해본다고?" 당황하는 선배와 아무것도 모르던 수현이가 말했다.

"오늘 우리랑 이야기하는 2시간만 딱 경험해보면 어때? 학교에서도 수업시간에 했었어. 직접 경험하고 그 느낌을 알아야, 두 분의 여자친구가 얼마나 불편할지 이해할 수 있어."

두 사람은 작전타임을 가졌다. 진지하게 고민을 하고 난 다음에, 생리대 체험을 하겠다고 정했다. 지난 수업시간을 경험했던 우리는 신이 났다. 선우는 생리대를 직접 가지고 와서 (팬티라이너부터 소형, 중형, 대형, 오버나이트에 탐폰까지) 보여주며 설명을 시작했다.

"자, 여러분~. 여기를 보세요. 생리대의 종류는 엄청 많아요. 양이 적을 때 사용하는 아주 작은 것부터 양이 엄청 많을 때나 밤에는 가장 큰 것을 착용해요. 생리대 접촉면이 넓을수록 생리량은 더 많고 불쾌지수는 높아요. 보통 첫날은 양이 적고 양이 점점 많아졌다가 그 이후에 줄어들어요. 상황에 따라 자신에게 맞는 생리대를 선택해서 착용하면 돼요.

수영하거나 심한 운동을 할 때는 탐폰을 사용할 수 있어요."

"그리고 덧붙여 말하면, 생리대는 너무 오랜 시간 사용하면 안 돼요. 보통은 화장실에 갈 때마다 바꾸거나 최대 4시간 이전에 바꾸는 게 좋은데요. 두 분은 대형으로 2시간만 착용해 볼게요. 여기 보면 날개가 달려 있어 팬티에 부착할 수 있게 되어 있구요. 다 쓴 생리대는 새로 갈 생리대 포장지로 잘 싸서 휴지통에 버려야 해요."

진지한 얼굴로 듣던 두 사람은 긴장하기 시작했다. 결국, 화장실에 가서 생리대를 착용하고 돌아왔다.

"생각했던 것보다 덜 불편한데? 이거 방석 같아. 난 사각팬티에는 붙이기 어려워서 삼각으로 바꿨어." 태경 선배의 말을 들으니 체험을 끝까지 할 거란 생각이 들어 다행이었다.

"저는…. 좀 있다가 더 경험해보고 이야기할게요." 수현이가 말했다.

"그래, 물 넣은 거지? 양이 많은 날 경험하는 거니까 5cc는 넣어야 해. 실제 생리혈은 물만 있는 게 아니라 덩어리도 있으니까 더 찝찝할 수 있다구."

"아까 궁금해서 적어놨었는데, 생리대 종류가 엄청 많아요?"

수현이의 질문에 내가 답했다. 일회용 대신 면 생리대도 있고, 탐폰이나 생리컵, 생리혈이 새지 않는 팬티도 있었다.

일회용은 생리혈을 잘 흡수하려고 사용한 화학물질들이 생리통을 심하게 한다는 연구가 있었다. 면 생리대는 최근에 휴대하기 좋게 나오고 공기가 잘 통해서 생식기 건강에도 도움이 된다며 사용량이 늘었다.

"그래서 그런가? 나는 생일 때, 면 생리대 선물 받는데 괜찮았어. 여친 선물 패키지도 있더라. (웃음) 종류가 많아져서 예전보다 더 다양하게 선택할 수 있어." 선우가 말했다.

대화하는 중간에도 엉덩이를 들썩들썩 움직이거나 자꾸 바지 사이를 잡아당기고 싶어 하는 두 사람의 모습이 자꾸 눈에 띄었다. 선우와 나는 모른 척 서로를 보면서 윙크를 했다.

"그럼, 여친이 생리할 때는 어떻게 대해야 할까?" 선배의 물음에 선우가 답했다.
"우선, 두 사람은 짧지만 경험해봤으니까 공감할 수 있을 거야. 아직은 날씨가 서늘할 땐 덜하지만 더운 여름에는 정말 힘들어. 4시간 넘게 교환 못 하는 상황도 생기니까. 힘든 걸 공감해주고, 몸과 마음이 불안한 시기이니까 옆에서 도와주면 좋겠어."

"제가 초경을 시작한 지 얼마 안 돼서, 여러 느낌을 받았어요. 사실 초경은 빨라도 불편하고 늦으면 더 불안하거든요. 초경을 축하받으면서 '소녀에서 진짜 어른이 되는구나.'라는 생각이 들었어요.

예전엔 불안한 마음이었다면 제대로 공부하니까 당당해졌구요. 그리고 솔직한 대화를 우리 4명이 하게 될 줄은 꿈에도 생각하지 못했어요." 나는 내 경험을 말했다.

"생리는 여성에게는 생활 일부야. 분명 귀찮고 불편하지만, 우리 부모님이 그랬듯이 나에게도 생명을 만들 수 있는 능력이 있다는 감미로운 비밀을 간직한 기쁨인 거지. 그래서 다들 초경을 축하해주는 거야." 선우는 안네처럼 우리에게 이야기해주었다.

"맘 터놓고 몸의 변화에 관해 이야기할 수 있는 사람이 있는지 살펴봐야겠네. 내가 말해주기 힘들면 우리가 만든 책을 슬며시 건네줘야겠어." 선배가 말했다.

"그것도 좋은 방법이네요!" 수현이는 맞장구를 잘 쳐주었다.
"그리고 월경할 때는 여러 증상이 나타나는데 이것도 알아두면 도움이 될 것 같아요."

나는 미리 알아두면 좋은, 생리통에 도움 되는 방법을 '거시기들'에게 알려주고 싶었다. 수현이가 말했다.
"생리대 착용하는 거 말고 다른 불편한 게 더 있구나."
"응~. 그러니까 잘 들어봐."

나는 '생리통을 줄이는 방법'을 말하기 시작했다.

1. 월경통이 있을 때 참기 어려우면 진통제를 먹어도 괜찮아요.
2. 이유 없이 초조하고 불안할 때는 음악을 듣거나 과자를 만드는 등 취미 활동을 하면서 기분 전환을 해요.
3. 가벼운 월경통이 있거나 기분이 우울할 때는 온찜질 등으로 몸을 따뜻하게 하고, 따뜻한 차를 마시며 마음을 느긋하게 가져 봐요.
4. 그래도 도무지 통증이 가시지 않을 때는 하루 쉴 수 있어요. 여성 근로자는 한 달에 한 번씩 생리 휴가를 신청할 수 있고, 여학생들도 월경하는 동안 한 달에 한 번 학교에 가지 않아도 결석으로 처리되지 않아요.

– 출처: '인간과 성' 교육연구소 지음 『성교육 상식사전』

"이제 생리대 체험 후기를 들어볼까? (웃음)" 수현이가 먼저, 선배가 뒤에 말하기로 했다.

"전 생리대는 불편하지 않다고 생각했는데, 땀으로 젖은 속옷을 입은 것처럼 찜찜했어요. 일주일 동안 이렇게 지내야 한다니…. 앞으로 생리하는 여자들은 조심히 대하고 존중해줘야겠어요. 보통 남자의 몽정이랑 생리가 비교되는데, 이건 차원이 좀 다른 것 같아요."

"맞아. 둘이 비슷하면서도 달라. 의지로 조절되는 게 아니지만, 차원이 달라…. 뭔가 대단하다는 생각이 들었어. 여자애들이 힘들게 사는구나, 존경스러웠어. 내가 남자라는 게 감사하다는 생각도 들었지. 이렇게 준비해서 임신까지 한다니, 엄마에게 더 감사해야겠어."

이야기를 들으며 우리 둘은 크게 웃고, 남자 둘은 당황해하면서 웃었다. 이렇게 성에 대해 터놓고 이야기할 수 있는 지금이 나는 참 좋다.

생리대와 대안 생리대, 알고 쓰자

1. 유통기한을 모르는 생리대는 사용해도 된다.

(X) 생리대에도 유통기한이 있다. (보통 제조년일 이후 3년) 다량 구매할 경우나, 다른 곳에 보관되어 유통기한을 모르는 생리대는 사용하지 말자. 포장을 제거하지 않아도 세균이 번식했을 수 있다. 특히 장마철에 주의하자. 질염이나 피부염이 생길 수 있다.

2. 탐폰은 오래 사용해도 된다.

(X) 탐폰은 질 안으로 삽입하는 일회용 생리대이다. 일반 생리대와 교체 시기가 비슷하다. 2~4시간마다 바꿔준다. 일반 일회용 생리대보다 신체에 닿는 부분이 더 민감할 수 있어 부작용에 주의해야 한다. 특히 독성 쇼크 증후군을 일으킬 수 있다. 제품별로 사용기한이 정해져 있으므로 사용 전 반드시 설명서를 읽어 보자! 바로 흡수하지만, 탐폰도 피가 샐 수 있으니, 일반 생리대를 착용하여 옷 등에 묻지않도록 주의한다.

일회용 생리대의 대안으로 면 생리대, 생리컵, 생리 팬티, 유기농 생리대, 천연 해면 등을 선택할 수 있다.

피임은 어떻게 하죠?

화재 대피 훈련을 배우는 게 불나도록 부추기지 않는 것처럼, 피임을 배운다고 성관계를 하도록 부추기는 건 아니었다

우리는 자연스럽게 이야기를 이어갔다. 선우가 말을 꺼냈다.

"난 생리하면서 내가 임신할 수 있는 몸이라는 것을 매달 느껴. 모든 여성은 아니라도 나는 그래. 생리도 이렇게 불편한데 임신을 하면 내 몸이 모든 것을 겪어야만 하잖아? 그래서 여성의 몸에 섹스는 단 한 번이라도 부담이 될 수밖에 없어. 이건 엄마가 되는 기쁨과는 다른 개념이야. 온전히 내 몸의 주인으로서 말하는 거니까."

우리는 생각이 많아졌다.

어른들은 '여자는 늘 몸조심해야 해.'라고 말했다. 여자라서 성관계에 신중할 수밖에 없었고, 여자는 성욕이 있어도 드러내서 말하기 힘들었다. 태경 선배도 동감하며 입을 열었다.

"맞아. 그렇게 말하니까, 성폭력 가해자를 탓하는 게 아니라, 잘못 없는 피해자에게 몸단속을 안 했다고 탓하잖아. 그래서 감수성을 올려야 해. 내 주변에는 감수성이 높아서 미리 성관계를 준비하는 친구들이 있어. 서로 진짜 원할 때 하고 싶어서 공부도 하는 거지."

"아직 어른이 아닌데, 우리도 서로 원하면 성관계를 할 수 있어요?" 호기심 많은 수현이가 물었다.

"준비된 상태여야 서로에게 더 좋을 테니, 오늘은 성관계를 잘 준비하는 법을 배워보자."

때때로, 학교에서 성관계에 대해 자세히 배우거나, 콘돔 실습할 때 몇몇 보호자들이 엄청난 민원을 넣는다고 한다. 화재 대피 훈련을 배우는 게 불나도록 부추기지 않는 것처럼, 피임을 배운다고 성관계를 하도록 부추기는 건 아니었다. 오히려 원하지 않는 임신처럼 위험 상황을 미리 예방할 수 있다고 생각했다. 선배가 폰을 보며 얘기했다.

"난 스스로 점검하려고 저장해 둔 게 있어. 이 정도 대화까지 할 수 있어야 성관계 준비가 된 것 같아. 단, 10개 중 하나라도 빠지면 아직 준비가 안 된 것이라고 보면 돼. 체크리스트인데, 다 같이 볼까?"

함께하면 더 좋은, 성관계 전에 꼭 필요한 10가지 대화법

1. 나는 정말 이 사람을 사랑하고 '신뢰'할 수 있는가?

2. 서로 성관계를 원하고, 상대는 '적극적으로' 동의를 했는가?

3. 같이 피임을 '선택'(콘돔, 경구용 피임약 등)하고, 같이 살 수 있는가?

4. 100% 확실한 피임 방법은 없다는 사실을 아는가?

5. 나의 성행동의 결과(성병, 임신 등)를 내가 온전히 '책임'질 수 있는가?

6. 인공임신중절수술('낙태')의 위험성에 대해 제대로 아는가?

7. 원하는 것이 호기심이나 성기 삽입을 하고 싶은 '충동'은 아닌가?

8. 두 사람이 안전하게 사랑하는 시간을 보낼 수 있는 '장소와 시간'이 정해졌는가?

9. 성관계에 동의한 상대가 중간에 원하지 않는다고 하면, 언제든지 '멈출 수' 있는가?

10. 성관계를 '프라이버시'로 지켜주며 타인에게 말하지 않고, 촬영 안 할 수 있는가?

"하나도 빠짐없이 10가지 준비가 모두 되어야 진짜 성관계를 할 준비가 된 거예요? 정말 공부가 필요한 거네요." 수현이가 초집중하며 태경 선배에게 물었다.

"응. 아무리 어른이라도 이런 준비가 되지 않았다면 성관계를 하면 안 되겠지. 그런 사람은 늦게 할수록 좋아. 좀 더 성에 관해 공부할 필요가 있는 거지." 선배가 답해주었다.

"첫째로 상대방을 신뢰하는 건 기본인 것 같아요." 나는 말했다.

"성관계는 사랑의 대화야. 단순한 성기끼리의 결합이 아닌 거지. 그러니까 성관계 전에 이 열 가지 대화를 할 수 있는지 아닌지는 나에겐 굉장히 중요해." 선배는 이어서 말했다.

"둘째, 반쪽 동의가 아니라 둘 다 동의했는지도 필요해. 두 사람의 사랑 대화를 위해서는 꼭 필요한 전제라고 생각해."라고 진지한 선배의 말에 선우는 말했다.

"맞아, 셋째로 피임을 같이 선택하는 거야. 우선 '노콘노섹'이 중요해."

노콘, 노섹…. NO 콘돔, NO 섹스. 아하! 콘돔 없이는 섹스 안 한다는 말이었다. 피임은 콘돔 말고 다른 방법도 있었다. 선우가 말을 이어서 했다.

"보통은 콘돔이나 경구용 피임약을 이용해서 피임하잖아. 콘돔은 성병을 예방해 주면서 원치 않는 임신을 막아주니까 남성은 성관계하기 전에 미리 알아둬야 해. 유통기한이 지나지 않은 콘돔으로 2~3개를 미리 준비하고, 지난번 보건샘이 알려준 유튜브 〈성교육TV〉에서도 콘돔 사용법을 배울 수 있어. 그리고 여성은 경구용 피임약을 성관계 직전에 먹으면 효과가 없어서 미리 복용하고 있어야 해." 선우의 말에 태경 선배가 되물었다.

"피임약이랑 다른 방법들도 있지 않아? 좀 더 알아보자."

우리는 피임 방법에 대해 좀 더 알아보기로 했다.

– 먹는 피임법 : 월경불순이나 생리통이 심할 때도 사용한다. 단, 약을 꾸준히 먹어야 효과가 있다. 약마다 복용법이 달라서 잘 확인하고 먹는다. 부작용으로는 월경 변화(무월경, 월경 과다) 등이 있을 수 있고, 흡연자는 절대 사용하면 안 된다.

– 월경주기법 : 보통 사춘기는 생리가 불규칙하기 때문에 배란일을 피해 성관계를 하는 것은 매우 위험해서, 피임법이라고 말할 수가 없다.

– 질외 사정법(체외 수정법) : 사정하기 전에 나온 분비물(쿠퍼액) 속에 정자가 섞여 있어서 임신이 될 수도 있다. 따라서 이것 역시 피임법이라고 말할 수 없다.

"넷째, 콘돔이나 피임약으로 피임을 한다고 해도 100% 효과를 보는 피임법은 없다고 들었어요. 그럼 어떻게 해야 할까요?" 수현이가 궁금해서 묻자, 태경 선배가 대답했다.

"그래서 다섯째, 내 성행동의 결과를 나와 상대방이 책임질 수 있는지를 함께 이야기해봐야 해. 보통은 성병이나 임신 등에 관한 결과를 생각해보는 거지."

실제로 내 파트너가 성병이나 임신에 대해 어떻게 생각하는지 알게 되면, 정말 이 사람과 사랑을 나눌 필요가 있는지 없는지에 대해 진지하게 생각하는 계기가 될 것 같았다. 그래서 함께 이야기하는 게 필요한 거겠지? 원하지 않는 임신을 하게 되었다면…. 윽. 정말 싫다.

"상상만 해도 끔찍해요. 여섯째, 낙태의 위험성에 대해 서로 얼마만큼 알고 있는지, 반드시 서로 대화를 해야 할 것 같아요." 내가 말했을 때, 수현이가 쭈뼛쭈뼛 입을 열었다.

"저는 사실…. 일곱째, 호기심이나 성기 삽입에 대한 충동이 아닌지를 계속 점검해봐야겠다는 생각을 했어요." 수현이의 고백에 태경 선배가 미소지으며 말했다.
"이렇게 자기 점검이 되어야, 나를 이해할 수 있게 되고, 내가 사랑하는 사람이 생겼을 때 실제로 만족스러운 결정을 할 수 있는 것 같아. 잘하고 있는 거야. 수현아."
"감사해요. 계속 자기 점검을 해 갈게요." 수현이가 답했다.

"여덟째, 두 사람이 안전하게 사랑을 나눌 수 있는 '장소'가 있는지, 그때는 '언제'인지 정하는 것도 중요해요. 특히 사춘기 때에는 두 가지를 많이 생각해야 해요. 아직 안전하게 사랑을 나눌 시간이 없다면, 좀 더 성을 공부해서 자기만의 '디데이'를 정하면 좋겠어요." 나의 말에 선우가 맞장구를 쳤다.

"맞아, 여자에게 중요한 요소 같아. 분위기가 편안하고, 불안한 마음이 없어야 상대방에게 더 마음을 열 수 있거든. 서로의 프라이버시를 지켜주고 피임을 준비하고, 서로를 아끼는 게 느껴진다면 진짜 몸과 마음이 오픈될 거야." 선우가 이어서 말했다.

"아홉 번째, 상대방이 싫다고 하거나 원치 않을 때 언제든지 '멈출 수 있는지'를 꼭 점검해봐야 해. 그렇게 조절할 수 있는 사람이라야. 나의 파트너가 될 자격이 있는 거겠지."

"만약에 키스했는데, 만지는 건 싫다고 하면 멈추라는 거죠?" 수현이가 물었다.

"그래, 그냥 딱 멈추면 돼. 다른 방법은 없어. 나머지는 자위로 해결해야겠지만 상대방이 싫다는 걸 강요하지 않고 존중해주면, 진짜 조절할 줄 아는 주체적인 성인이 되는 거지." 선우가 답했다.

나는 마지막이 가장 중요하다고 생각하며 입을 열었다.

"열 번째, 스킨십이든 성관계이든, 둘 사이에 있었던 일을 다른 사람들에게 떠벌리지 않는 건 정말 중요해요. 최근에 성관계하는 걸 몰래 불법 촬영을 한 뒤, 헤어지고 나서 협박하는 일이 많다고 해요. 자랑삼아 두 사람의 일을 떠벌리고 다니죠. 정말 생각만 해도 끔찍해요."

"이 열 가지는 성관계 전에 점검하는 것뿐만 아니라 사랑하는 사람이라면 반드시 대화하면 좋을 주제들이네요. 정말 많이 배웠어요." 수현이가 말했다.

"콘돔을 쓰기 싫어하는 남자들이 많다고 들었어. 그땐 어떻게 해야 할까?" 선우가 물었다.

콘돔을 끼는 게 불편하고, 귀찮거나, 삽입했을 때 감각이 덜 느껴진다고 생각해서 콘돔을 거부하는 경우가 생각보다 많아서 놀랐다. 그리고 '돈이 없다.', '직접 사기 민망하다.' 등등, 온갖 핑계를 대는 사람도 있다고 들었다.

"핑계를 대며 아무런 준비 없이 위험한 섹스를 하는 걸 이해해주지 마. 이건 운전을 할 때 안전벨트를 안 매는 것과 같아. 필수 안전 상식이 없는 거지. '노콘노섹'이라고 딱 2번만 거절해봐. 그러면 알아서 다 준비해 올 거야." 태경 선배가 열변을 토하며 이야기했다.

"2번이나 거절했는데도 계속 똑같은 행동을 반복하면요?" 나의 질문에 선배가 바로 답했다.

"그런 남자랑은 헤어지는 게 낫겠다. 상대방을 존중해주지 못할 사람이라면 연애하는 과정에서 더 많은 문제가 발생할 텐데…. 계속 널 존중해주지 못할 게 분명하니까. 여자들도 잘 알고 있어야 안전한 성관계를 할 수 있어. 그래서 같이 공부해야 하는 거야."

시간 가는 줄도 모르고 진지하게 이야기를 했다.

이 정도로 사랑하는 사람과 이야기를 할 수 있을까? 어색하면 우리가
만든 책을 보여주면서 대화를 해봐야겠다.

- 6 -

낙태는 나쁜가요?

지금, 내가 있는 곳에서 할 수 있는 일들을 함께 고민하면 돼. 그것부터 시작이야

'임신일지도 몰라요, 어떻게 하면 좋을까요? 그리고…. 낙태는 나쁜 거겠죠?'

우리 거시기들은, 이 쪽지를 보고 한참을 고민했다. 익명이라 누구인지 몰라 진짜 도움을 줄 수 없었다. 한참을 고민하다가, 4가지 상황을 가정해보았다. 첫째는 임신인지 아닌지 몰라 불안할 때, 둘째는 임신이 다행히 아니었을 때, 셋째는 임신이었을 때, 넷째는 낙태를 고민하고 있을 때였다. 각자 내용을 공부하고 찾아서 채팅 상담하듯 적어보기로 했다.

첫째, 임신인지 아닌지 불안한가요? 우선 임신을 명확히 확인해보아야 해요. 특히 생리 예정일에서 2주 이상 지났다면 하루라도 빨리 확인해 봐야 해요. 편의점엔 없고, 드럭스토어나 약국에서 파는 임신 진단 시약을 사서 테스트해보세요. 호르몬 양을 측정하는 것인데, 아침 첫 소변으로 체크하는 것이 가장 좋아요. 그리고 남자친구의 반응도 꼭 살펴보세요.

참고로 응급피임약이 있어요. 의사 처방이 필요하고, 성관계 후 가능한 한 빨리, 최대 72시간 안에 복용해야 효과가 높아요. 피임 없는 성관계 후에 먹는 피임약을 '사후' 피임약이라고 흔히 말하는데 '응급' 피임약이 맞아요. 왜냐하면 '응급' 시에만 먹기 때문이죠. 따라서 성관계 후에 언제나 먹을 수 있는 피임약이 아니에요. 사람마다 다를 수 있지만, 일반 피임약보다 호르몬 작용이 10배나 높아 부작용도 아주 많은 편이에요. 특히 반복 사용할 경우 약 효과는 떨어지고 부작용은 늘어나니까 꼭 응급 시에만 사용하세요.

둘째, 임신이 아니라면 이제부터가 중요해요. 참말로 다행이에요. 이제부턴 남자친구와 관계를 어떻게 할지, 성관계를 하고 싶은지, 하고 싶지 않다면 어떻게 할지, 나에 대한 점검을 반드시 해봐야 해요. (앞서 말한, '성관계 전에 꼭 필요한 10가지 대화법'을 꼭 참고하세요.)

셋째, 임신이라면 혼자 해결하기보다 도움을 요청해요. 도움을 요청할 사람은 친구보다는 믿을 만한 어른(보호자나 선생님)을 선택했으면 해요.

청소년은 법적 보호를 받고 있고, 병원 처치를 받을 때 보호자가 필요하기 때문이에요. 갑자기 눈앞에 놓인 것들이 무섭고 힘들 수 있어요. 이일은 어른들도 혼자 감당하기 어려운 거예요. 이때, 도움을 줄 사람은 보호자라는 걸 알았으면 좋겠어요. 그리고 임신 진단 시약은 부정확할 수있기에 병원에서 초음파를 통한 정확한 진단이 필요해요. 임신을 유지할지, 중절 수술을 할지도 결정해야 해요. 쉬운 결정은 아닐 거예요. 그래서 믿을 수 있는 어른이 더욱 필요해요. 내 앞날 걱정하는 마음에 처음에는 놀라서 혼낼 수도 있지만, 힘들어도 도와주실 거예요.

파트너는 임신에 대해 어떻게 생각하나요? 미혼부가 되는 걸 선택하는 사람도 있지만, 간혹 낙태를 피임법처럼 여기는 사람들이 있어요. 그런 사람들은 '아이는 지우면 되는 거 아닌가요?'라고 얘기해요. 자신의 성행동의 결과(임신)를 온전히 책임질 수 없어 연락을 피하는 사람들도 있어요. 이때에도 '성관계 전에 꼭 필요한 10가지 대화법'으로 점검해보세요.

넷째, 임신 중절 수술은 매우 민감한 문제에요. 임신 중절 수술(낙태)을 기꺼이 하는 여성은 절대 없어요. 결코, 쉬운 선택이 아니죠. 중절 수술의 부작용과 후유증은 여성의 몸과 마음에 아주 큰 영향을 미쳐요. 여성의 몸으로 혼자 감수해야 하고, 사회적인 비난도 대부분 여성을 향하죠. 지금도 여성의 몸에 대한 권리와 태아의 생명에 대한 권리가 첨예하게 대립하고 있어요.

특히 수술 뒤 후유증은 평생을 가요. 잘못된 행동으로 작은 생명을 죽였다는 생각에 무섭고, 두렵고, 괴로워요. 아이에게 미안한 마음은 지워지기 힘들 거예요. 불쑥불쑥 튀어나와서 다시 아프게 할 거구요. 초음파로 봤던 아기집이 계속 생각나고, 일상생활이 힘들어지기도 해요. 상담이 도움이 될 수 있겠네요. 인터넷 검색창에 '청소년 상담' 등을 검색하면 여러 기관이 나와요. 도움을 요청하면 지지하고 도와주는 사람들을 찾을 수 있을 거예요.

낙태죄가 인정(합법)되었던 당시 여성은 스스로 결정해서 낙태하지 못했어요. 본인과 파트너의 동의도 있어야만 낙태를 할 수 있었죠. 낙태가 가능한 병원을 몰래 찾아다니고, 병원에서 얼마를 요구하든지 지급해야 하고, 부작용이 어떻게 나올지도 모르는 상황에서 모든 것을 홀로 감수해야 하는 슬픈 현실이었어요.

2019년 4월 11일 헌법재판소는 낙태죄에 대한 '헌법불합치'를 결정했어요. 쉽게 말해 낙태한 여성과 의사를 처벌하는 형법 조항이 '헌법의 내용에 맞지 않는다.'라고 내린 결정이죠. 하지만 2020년 12월 법을 개정하기까지 낙태죄가 유지되기 때문에 원치 않은 임신을 하게 된 여성은 여전히 다양한 위험에 노출되어 있어요.

"이 공부를 하다 보니까 더 슬픈 것 같아. 찬성과 반대로 나눌 수 없을 만큼 여성의 몸에 대한 권리와 태아의 생명에 대한 권리 모두 소중하니까." 선우가 말했다.

"그래서 청소년에게는 안전한 환경이 먼저 필요한 것 같아. 간혹 뉴스에 사춘기 부모들이 아이를 돌보지 못하고 유기하는 현상을 볼 때, 그 두 사람을 탓하기만 해서는 안 된다고 생각해. 제대로 보호받지 못한 아이들이 너무 안쓰럽고 불쌍해." 나의 이야기에 선배가 되물었다.

"안전한 환경이라면, 구체적으로 뭐야?" 선배의 말에 당황한 나는 좀 더 생각해보았다.

내 생각은 사춘기 여성이 상대방과 평등하게 관계를 맺을 수 있는 '환경'이 필요했다. 예를 들면 여성이 피임을 주체적으로 선택할 수 있고, 적절한 요구를 할 수 있는 환경. 제대로 된 정보가 있고, 믿을 만한 사람과 상담할 수 있는 환경이라면 얼마나 좋을까? 수현이가 말을 꺼냈다.

"낙태에 관해 이야기하다 보니까. 그동안 우리가 배웠던 성과 모두 연결되는 느낌이에요. 그럼, 누나들 말은 '낙태가 좋은가? 나쁜가?'를 의논할 게 아니라. 낙태가 발생하지 않도록 사회를 어떻게 바꿔야 할지를 고민해야 한다는 말이네요?" 수현이가 정리를 해주었다.

"응. 그런데, 그러면 너무 거창하잖아. 우리가 할 수 있는 건 적어. 투표권도 없는데 뭘 우리가 원하는 대로 바꿀 수 있겠어?" 선우가 답답하다는 듯이 답했다.

"그러니까 같이 고민해보자. 우리가 할 수 있는 일이 뭔지 말이야."

나도 맞장구를 쳤다. 고민을 하다가 '나무님이라면 뭐라고 얘기해줬을까?'라는 생각이 들었다. 더 답답해진 우리는 결국 보건샘을 찾아갔다.

"그러니까. 낙태를 예방하기 위해서는 건강한 환경이 사춘기 아이들에게 주어져야 하는데, 너희들이 할 수 있는 건 무엇인지 궁금하다는 거지?" 보건샘이 말했다.

"네. 우리가 뭐라도 하면 조금씩 바뀌겠지만, 구체적으로는 어떻게 해야 할지 모르겠어요."

"응. 그런 너희들의 그 진심이 느껴져. 진심은 통하니까 너희들이 움직이면 사회는 바뀔 거야. 너희들이 주인이니까. 하지만 기억해. 너희들은 친구들의 문제를 직접 해결해주는 해결사가 아니야. 너희들이 우선해야 할 것은 친구들의 이야기를 듣고 공감해주는 거야. 지금, 내가 있는 곳에서 할 수 있는 일들을 함께 고민하면 돼. 그것부터 시작이야."

보건샘의 말은 거창한 캠페인보다 우리가 친구들과 대화하며 스스로 주인이 되도록 하는 게 중요하다 말씀해주셨다. 그러다 어려움에 부닥친 친구들은 도움을 요청하면 되는 것이었다.

"그래. 그거야. 더 심각해지기 전에 애들을 만나서 대화하면 낙태까지 가는 위험한 연결고리를 끊을 수 있다고 생각해. 흔히 폭력이 일어나는 단계를 봐도, 처음엔 은근히 따돌리는 것부터 시작하잖아. 장난처럼 따돌리다가 진행되면, 노골적으로 못살게 구는 단계까지 가게 되지. 그것도 방치되다 보면 때리고 흉기로 위협하고 결국엔 살인까지 갈 수 있어."

태경 선배가 무릎을 '탁' 치며 말했다. 나는 궁금증이 생겼다. 보건샘은 자신의 몸을 알고, 피임과 같은 결정을 주체적으로 선택하면 된다고 하셨다. 그러면 낙태처럼 여성과 태아를 위협하는 상태까지 가기 전에 막을 수 있다는 말씀이었다. 과연 대화로 사회가 바뀔까? 내 물음에 보건샘은 답했다.

"대화의 힘을 믿어봐. 그래서 책을 써서 친구들과 대화하고 싶었던 거 아니니? 너희들의 고민을 써보겠다고 한 것 말이야."

"네. 근데 경험해보지 못한 이런 심각한 일까지 상담할 거라는 건 상상도 못 했어요."

"그래서 너희들의 용기를 칭찬해주고 싶어. 그 친구는 될 수 없겠지만, 그 처지가 되어보고 얼마나 힘들지 공감하고 있잖아. 분명히 좀 더 나은 환경으로 만들어 갈 거야."

오늘의 감사일기

대화하는 용기를 낸 우리에게 감사합니다.

그 친구의 입장이 되어 공감하려고 노력하는 우리에게 고맙습니다.

낙태에 대해 알게 되어 감사합니다.

성관계 이후에 생길 수 있는 일들을 생각해보게 되어 감사합니다.

안전한 환경을 위해 지금 우리가 할 일을 생각해보게 되어 감사합니다.

혼자가 아니라 함께 고민하고 대화 나눌 수 있어서 감사합니다.

우리가 모르는 진짜 성 이야기

자궁보다 '포궁', 처녀막보다 '질막', 폐경 대신 '완경'

여성들은 '여자=출산 기계'로 보는 사회적 시선이 불편하다. 그걸 느낀다면 젠더 감수성이 높은 것이고, 이해할 수조차 없다면 젠더 감수성이 낮은 편이라고 할 수 있겠다.

그 불편함이 모여 만들어진 단어 중 하나가 '포궁'이다. 세포를 품는다는 뜻이다. 남성 중심 단어인 자궁 대신 '포궁'을 사용해보자. 단어 하나를 쓰더라도 어떻게 쓰느냐에 따라 다른 의미가 된다. 또한, 처녀막 대신 '질막(질근육)'으로 써야 한다. 처녀막은 남성이 기준으로 여성이 처녀인지 아닌지를 확인하는 의미가 있다. 이 밖에도 '폐경'이라는 단어를 '완경'으로 바꿔보자. 임무를 완수했다는 뜻이다.

이게 성폭력인가요?

더 큰 일이 생기기 전에 연결고리를 끊어야 해요

"학교에서 친구들과 장난을 치면서 툭툭 엉덩이를 치거나 가슴을 만지고 도망가는 놀이를 자주 했어요. 그런데 며칠 전 친구들이랑 엉덩이춤을 추면서 놀던 모습을 동영상으로 찍었는데요. 한 친구가 제 엉덩이를 크게 캡처해서 단톡방에 올리며 놀리는 거예요. 저는 기분이 나빴지만, 장난으로 몰아가는 분위기에 멋쩍은 웃음만 지었어요. 그런데, 친구가 그 사진을 자꾸 올려요. 이제는 너무하다는 생각이 들어요. 이것도 성폭력인가요?"

"지난번에 보건샘이 말했던 게 그대로 보이는데요?

처음에는 장난처럼 시작하고, 이제는 노골적으로 못살게 굴잖아요. 더 큰 일이 생기기 전에 연결고리를 끊어야 해요." 내가 말했다.

"성폭력은 범위가 너무 넓잖아. 성적 농담부터 성추행이나 성폭행까지…. 나는 폭력이랑 성폭력은 굉장히 비슷한 것 같아. 성폭력에도 폭력처럼 단계가 있을까? 단계가 있으면 미리 알고 예방하는 데 좀 편할 것 같아." 선우의 말에 책이나 인터넷을 아무리 뒤져도 없었다.

"흠…. 없으면 우리가 만들어 보자!" 모두 함께 성폭력의 단계를 고민해보았다.

1. 은근히 성적 농담을 하는 것
2. 기분 나쁜 눈빛과 표정으로 쳐다보는 것
3. 기분 나쁜 별명을 붙이는 것
4. 기분 나쁜 소문을 내거나 모욕적인 말과 행동을 하는 것
5. 노골적으로 성적 농담을 하거나 따돌리고 못살게 구는 것
6. 성적으로 위협적인 말과 행동을 하거나 협박하는 것
7. 성추행하고, 물건을 마음대로 빼앗고, 망가뜨리는 것
8. 나의 동의 없이 몸을 이용해 성폭행하는 것
9. 나의 동의 없이 도구를 이용해서 성폭행하는 것
10. 동의 없이 성폭력과 동시에 사람을 죽이는 것

"만들어 보니 섬뜩하다. 성적 농담이 살인까지 가는 거잖아." 선우가 말했다.

"뉴스 기사나 책을 보고 만들어 보긴 했지만, 이렇게 해도 되나 싶어요." 수현이가 걱정스러운 말투로 말했다. 우리는 보건샘한테 가서 여쭤보기로 했다.

보건샘은 '성폭력의 단계가 필요할까?'라고 되물으셨다. 피해자에게 성희롱은 약하고, 성폭행은 강한 것이 아니었다. 오히려 단계와는 관계없이 힘들고 고통받았다. 그러면서도 보건샘은 우리가 작은 폭력부터 예방하기 위해 만들었다는 의견에 공감하며 찬찬히 검토하셨다. '성적 농담'이라는 단어를 '성적 언어'로 사용하면 좋겠다고 의견을 주셨다. 농담처럼 장난스럽게 쓰지 않았으면 하는 바람이셨다. 그래서 욕이나 비속어와 같은 단어 하나에도 주의해서 쓰라고 강조하셨다. 그리고 디지털 성범죄가 늘어나는데, 불법 촬영이나 유포, 시청하는 것의 문제를 넣었으면 좋겠다고 조언해주었다. 마지막으로 폭력은 모두 나의 허락이나 동의 없이 발생하는 것이므로 넣을 거면 모든 단계에 넣거나 빼라고 알려주셨다.

우리 '거시기들이' 직접 만든 성폭력 단계
1. 은근히 성적 언어를 쓰고, 욕하는 것
2. 기분 나쁜 눈빛과 표정으로 쳐다보는 것, 불법 촬영물을 보는 것
3. 기분 나쁜 별명을 붙이는 것, 대화에 없는 친구를 험담하는 것
4. 기분 나쁜 소문을 내거나 모욕적인 말과 행동을 하는 것

5. 노골적으로 성적 언어를 쓰거나, 따돌리고 못살게 구는 것

6. 성적으로 위협적인 말과 행동을 하거나 협박하는 것

7. 성추행하고, 물건을 마음대로 빼앗고, 망가뜨리는 것

8. 성폭행하는 것, 불법 촬영을 하는 것

9. 도구를 이용해 성폭행하는 것, 불법 촬영물을 유포하는 것

10. 성폭력과 동시에 사람을 죽이는 것

성폭력 단계를 만들면서 사례들이 너무 다양하고 많았다. 그때마다 보건샘에게 물어보며 조언을 구했다. 앞으로도 계속 수정되겠지만 작은 우리들의 작품이 되었다. 선우가 책을 들고 와서 이야기했다.

"private zone, public zone이 있구나!"

"그건 뭐야? 프라이빗 존? 퍼블릭 존? 스킨십하는 부분을 말하는 거야?" 내가 물었다.

"응, 사람이나 문화에 따라 다르긴 한데, '프라이빗 존'은 알았지만, '퍼블릭 존'이 있다는 건 처음 알았어. 손끝부터 팔꿈치까지가 '퍼블릭 존'이래." 선우가 대답했다.

"아, 그럼, 말을 걸 때나 가까이서 부를 때 다른 곳 대신 팔꿈치를 건드리면 되겠네요." 수현이가 맞장구를 쳤다.

"퍼블릭 존을 살짝 건드리면 상대방에 대한 신뢰감도 올라간대. 신기하지?"

선우는 수현이와 서로 악수하면서 팔꿈치를 살짝 만졌다. 이때, 주의 사항은 '살짝' 건드는 것이었다. 뭐든 상대에 따라 더듬는다는 오해를 받을 수 있으므로…. (웃음) 우리는 이어서 '몸의 경계'에 대해 이야기를 했다. 사람마다 다르므로 서로의 경계를 존중하는 핵심은 '물어보기'였다.

"성폭력이 더 생기지 않게 하려면 우리가 할 수 있는 게 뭘까요?" 수현이가 말했다.

"유치원 때부터 배운 성폭력 예방법 생각해보면 '안 돼요, 싫어요, 하지 마세요!'잖아. 이건 어른들도 못 하는 건데, 과연 우리가 무엇을 할 수 있을까?" 태경 선배도 물었다.

"우리가 할 수 있는 거라면…. 외모 평가하지 않고, 상대방이 싫다고 하는 건 싫다고 존중해주는 것부터 할 수 있겠죠?" 내가 말했다.

"외모 평가하지 않는 건 정말 중요해! 외모가 중요해질수록 사람이 물건처럼 평가되잖아? 가장 많이 사고 팔리는 건…. 아직도 어린 여자의 성이라는 거지…." 선우가 씁쓸해했다.

"요즘 폰으로 성범죄가 많이 발생하니까, 예방하는 차원에서 관련된 에티켓을 생각해보면 어때요?" 수현이가 제안했다.

"좋아. 우리 주변에 폰 중독이 넘 많잖아? 자연스럽게 음란물도 많이 보게 돼. 그래서 나타나는 문제들이 너무 많아. 몸캠피싱, (보복성) 디지털 성범죄, 채팅앱으로 성매매 등등 상상을 초월하더라고." 선배가 맞장구를 쳤다.

거시기들이 만든 디지털 에티켓 십계명

1. 개인정보를 보호해요. 프로필을 작성하거나 주소와 이름을 쓸 때 신중해야 해요. 내 학교 정보나 내 얼굴 사진을 올릴 때 주의하고, 특히 내 몸 사진은 올리지 않아요.

2. 친한 친구와 사진을 찍을 때도 물어보고 찍어요.

3. 친한 친구의 사진이나 개인 정보가 들어간 내용은 허락을 받고 올려요.

4. 톡 전송 전에 다시 한 번 내용을 확인해요. 문자로 보낸 내용이 친구에게 상처를 줄 수 있어요. 그리고 장난이나 악성 댓글의 자료로 쓰일 수도 있으므로 주의해요.

5. 친구가 없는 곳에서는 그 친구에 대한 말을 하지 마세요.

6. 평소에 악플 대신에 선플을 남겨요. 원하는 게 있다면 I-message로 전하세요.

7. 친구와 만나는 동안에는 폰을 쉬어요. 폰에 집중하기보다 내 곁에 있는 친구의 이야기에 집중해요.

8. 채팅으로 알게 된 사람과는 따로 만나지 않아요. 폭력의 시작인 경우가 많아요.

9. 음란물에 접속하지 않아요. 성폭력의 시작이에요.

10. 사이버 폭력을 당하면 바로 믿을 만한 어른과 상담해요. 익명으로 쓴 것이라도 캡처해서 학교나 청소년 사이버 상담센터에서 상담을 받아요. 익명이라도 추적할 수 있어요.

"에티켓이 10가지나 되네. 이것 말고도 참 많이 얘기했어, 그지?" 선우가 말했다.

"자위 에티켓 3가지도 기억나요." 수현이는 기억력도 좋았다.

"난 이별 에티켓을 몸으로 배웠지." 이젠 웃으며 헤어진 이야기도 할 수 있었다.

"만났으니까 헤어짐이 있겠지? 우리도 안네의 일기처럼 설레는 마음으로 사춘기 마음에 싹튼 봄을 기쁘게 맞이할 수 있으리라 믿어." 태경 선배도 웃으며 말했다.

오늘의 감사 일기

퍼블릭 존을 알게 되어 감사합니다.

배운 에티켓을 실천할 수 있어서 감사합니다.

폭력을 없애기 위해 고민하는 우리에게 고맙습니다.

작은 것부터 바꾸려고 노력하는 우리에게 감사합니다.

바쁠 텐데도 조언을 아끼지 않는 선생님이 계셔서 감사합니다.

서로의 경계를 존중하는 방법이 '물어보기'라는 걸 알게 되어 감사합니다.

언제든지 내 곁에 나무님이 있다는 사실을 느낄 수 있어서 감사합니다.

나무님이 없을 때에도 배운 대로 실천하는 나에게 감사합니다.

'겨울은 반드시 봄이 된다.'라는 〈어서〉 속 말씀이 요즘 따라 와닿았다. 추운 겨울을 지나 새싹이 돋는 봄이 되었다.

새로운 시작, 나는 고등학생이 되었다. 학교 갈 준비를 하며 거울을 보니, 두 어깨가 훨씬 가볍게 느껴졌다. 거울 속 나를 보는 게 이젠 더는 어색하지 않다. 가면도 벗어 던진 지 오래되었다. 어느새 나는 다른 친구들의 고민을 들어주는 사람이 되었다. 예전보다 마음 그릇이 커진 느낌이었다. 내가 말하는 대로 몸도 마음도 성장했다. 이제는 1mm라도 나아지기 위해 노력하는 내가 좋다. 무엇보다 나답게 성장하는 내가 좋다.

세상이 생각대로 되지 않는다는 건 정말 멋지네요.
생각지도 못했던 일이 일어나는 걸요.

－『빨간 머리 앤』－

만약 이번 여행이 계획대로 되지 않아 실망했다면, 90%는 비현실적인 큰 기대 때문이다. 여러 가지 사건들이 나의 여행을 방해한다. 인생도 마찬가지이다. 사고는 누구에게나 생길 수 있고, 누구나 교통사고 가해자와 피해자가 될 수 있다.

교통사고처럼 인생에서도 성(性) 관련 사고가 잦다. 교통사고와 성폭력 사고는 닮았지만, 매우 다르다. 늦은 시간까지 운전하다 사고 났을 때는 피해자에게 뭐라 하지 않는다. 하지만 성폭력은 늦게 다녀서 사고를 당했다며 피해자 탓으로 돌린다. 늦게 들어갈 수밖에 없는 사정은 고려되지 않는다. 교통사고 피해는 눈으로 보이지만, 성폭력 피해는 눈에 보이지 않아 무시당하기 쉽다.

교통사고는 합의를 보는 게 당연하지만, 성폭력 사건은 합의를 보면 꽃뱀이 되어 있다. 성과 관련된 사건이라고 색안경을 끼지 말고, 교통사고와도 같은 일이라는 사실을 알아야 한다.

관점을 바꾸는 일은 꼰대가 아닌 믿을 수 있는 어른, 준비된 어른이 되어가는 과정이다. '꼰대가 되지 않을 거야.'라고 말하던 나 역시 세월이 변하면서 꼰대가 되는 걸 느꼈다. 세상은 내 생각대로 되지 않았다. 그래서 내가 할 수 있는 것은 무엇인지 계속 찾았다. 그러다 정말 멋진 일을 발견했다. 교사가 된 것이다. 아이들에게 필요한 것은 지식도 있지만, 힘든 사회를 헤쳐나갈 안목이었다. 아이들이 만날 세상을 제대로 읽는 관점을 키우길 바랐다. 삶의 복잡한 문제를 해결할 힘을 키우도록 돕고 싶었다.

그 힘을 믿도록 만들고 도움을 줄 가이드는 '내가 먼저 되어야겠다.'라고 생각했다. 그래서 성교육, 인권, 인성교육이나 독서교육에도 관심을 두게 되었다. 사실 나는 성에 대해 잘 알지 못했다. 그래서 지금도 배우고 있다. 앞으로도 평생 배울 것이다. 법과 제도가 계속 바뀌듯이 젠더를 비롯한 이슈도 계속 변화하기 때문이다. 젠더폭력이나 불법 촬영과 같은 여러 문제가 있음에도 불구하고 '건강한 성'이 있다는 것을 알려주고 싶었다.

나는 건강한 성을 배우며 나답게 균형을 잡아갔다. 좀 더 민감해지려 노력하고, 감수성을 길렀다. 계속 배워서 성장해야 했다. 처음엔 자전거를 배울 때와 같았다. 비틀비틀 흔들렸다. 그때 흔들리며 균형 잡는 법을 배웠다. 흔들리면서도 포기하지 않았던 이유는 내가 성교육을 가르치게 된 이유와 같았다. 나는 건강한 성을 배우며 나답게 균형을 잡아갔다. 이 자전거를 선택한 나를 믿을 수 있었다. 그리고 나답게 균형 잡는 법을 터득했다. 나만의 '성장 확언'을 매일 외치고, '감사'하는 것이다.

여행의 마지막 목적지 '나다움'에 도착하다

수영이와 함께 떠난 성장 여행의 최종 목적지는 '나다움'이다. 여러분 답게 살고 있다면, 앞으로 나답게 살아봐야겠다는 생각이 들었다면 더할 나위 없이 좋겠다. 잠시 목적지에 서서 경치를 감상하자. 탁 트인 풍경도, 시원한 바람도 모두 다 내가 있기에 존재한다. 함께한 사람들에게 고마움도 기꺼이 표현해보자. 휴식을 취하며, 그동안의 여정을 되돌아보자.

목적지에 서니 시야가 넓어진 자신을 발견할 것이다. 예전에 보이지 않던 것들이 조금 더 들어오기 시작한다. 제주도 일주를 해내니, 국내 일주도 있고 해외의 더 넓은 세계가 있다는 게 보이기 시작한다. 우주여행까지 하는 시대가 왔다. 잠시 휴식을 만끽하고 다음 여행을 준비해보자.

우리는 내가 누구인지도 잘 모르겠고, 내 인생은 왜 이러는 거지? 라는 생각으로 가득 찰 때 만났다. 지치고 인정받고 싶을 때 떠난 여행에서 무엇을 느꼈는가? 나의 여행을 즐기자. 그렇게 자연스럽게 성장하자. 나만의 성장 확언을 만들어 외쳐보자. 매일 감사한 것을 단 하나라도 찾아보자.

중간에 멈춰도 괜찮다. 실패해도 괜찮다. 실패는 성공의 또 다른 이름이라는 말처럼 오히려 실패를 많이 해보라고 이야기해주고 싶다. 실패도 하지 않고 원하는 모습이 될 거라는 생각은 욕심일 뿐이다. 실패하는 이유는 두렵기 때문이다. 두려움은 잘 모르는 것에서부터 시작된다. 모든 것이 갖춰질 때를 기다리지 말고, 잘 모르겠다면 나와 함께 공부해보자.

나는 사랑받는다는 사실보다 내가 사랑할 줄 아는 사람이라서 더욱 기쁘다. 매일 조금씩 실천했다는 것은 나의 큰 자랑이다.

나의 인생에서 가장 중요한 시기마다 '행복'의 방향을 짚어주셨던 이케다 다이사쿠 선생님 덕분에 내가 죽지 않고 살아갈 수 있었다. 진심으로 감사드린다. 또한, 이 책을 쓸 수 있도록 가르침을 준 김태광 대표님과 권동희 회장님을 비롯한 〈한책협〉 작가님들의 응원은 큰 힘이 되었다. 출간을 위해 애써주신 미다스북스 여러분께 감사드린다.

성장 여행을 하며 나를 믿어주었던 좋은 인연들, 특히 SGI 멤버들과 5ICU 친구들, 죽마고우 친구들, 보건교사 선후배, 동료 선생님들 덕분에 지금의 내가 있다. 무엇보다 나에게 가장 큰 가르침을 주는 제자들에게 감사한 마음을 전한다.

　　마지막으로 내가 자립할 수 있도록 믿어준 어머니 양순희 여사님을 비롯한 우리 육남매, 그리고 복운이들과 함께 내 꿈을 최고로 지지해준 사랑하는 신랑과 가족 모두에게 감사의 마음을 전한다.

2019년 12월 나무